Michael Sohmen

Auf dem Jakobsweg durch die weiße Hölle

Das Winterabenteuer auf dem
Camino Primitivo

Der älteste Pilgerweg nach
Santiago de Compostela

Impressum

© 2017 Michael Sohmen
Buchcover: Michael Sohmen
Herstellung und Verlag: BoD - Books on Demand,Norderstedt

Druckversion 2
Erste Veröffentlichung April 2015
Überarbeitete Auflage Dezember 2017

Kontakt: michael@pilgern-online.de
Internet: http://www.pilgern-online.de

ISBN: 9783746046594

Fahrt durch die Nacht

24. November, Anreise

»Diesen Weg sollte man auf keinen Fall im Winter unternehmen.«

Als ich die Warnung im Pilgerbericht lese, ist meine Entscheidung getroffen: Ich werde den *Camino Primitivo* gehen.

Es ist Ende November, goldener Herbst und kein Winter in Sicht. Bis jetzt noch nicht. Also der richtige Moment, die ultimative Chance, vor Einbruch der kalten Jahreszeit das Jahr mit einer letzten Wanderung zu segnen.

Am Spannendsten finde ich, Wege selbst zu entdecken. Nicht nach einem Plan oder mit einem Reiseführer vor der Nase zu wandern. Ganz unvorbereitet wollte ich die Tour aber nicht beginnen: sind die Pilgerherbergen überhaupt zu dieser Jahreszeit geöffnet? Wo kann ich übernachten?

Eine Liste aller Herbergen des Weges - in welchem Ort sie sich befinden und welche Entfernungen dazwischen liegen - habe ich mir ausgedruckt. Laut den Informationen einer spanischen Internetseite sind alle Pilgerherbergen 365 Tage im Jahr, also durchgehend geöffnet. Das entscheidende Kriterium ist erfüllt. Perfekt!

Jetzt sitze ich im Fernbus, bin auf dem Weg zurück nach Spanien, fahre durch Frankreich und nähere mich den Pyrenäen.

Eigentlich war ich niemals ganz fort von hier – mein Geist war im vergangenen Sommer auf dem Jakobsweg, dem *Camino Francés* nach *Santiago de Compostela* hängengeblieben. Dort, in der weitläufigen Hochebene, in einem Dorf der tiefsten spanischen Provinz, hatte ich von einem portugiesischen Pilger in einer Herberge erfahren, es solle noch eine andere Variante des Jakobsweges geben. Einen noch viel älteren. Den ursprünglichen Weg. Den *Camino Primitivo.*

Für mich ist es ist ein Versuch, mental zurück in die Wirklichkeit zu finden. Möglicherweise wird es schauderhaftes Wetter geben, vielleicht wird die Tour unangenehm. So werde ich zur Erkenntnis kommen: der Camino ist etwas ganz Normales. Und vielleicht die passende Medizin, wenn man sich auf dem Jakobsweg davor unglücklich verliebt hat.

Es sitzen viele Pendler im Bus, Glücksritter auf der Suche nach einem Job. Aushilfsarbeiter, die sich in Deutschland für wenige Münzen verdingt haben und in ihre Heimat zurückkehren. Ein Spanier, der ebenso mit dem Fernbus reist, erzählt mir während einer Pause: er wäre dem Ruf nach Frankfurt gefolgt, denn man hätte ihm einen Job auf einer Baustelle angeboten. Dort angekommen - fährt er fort - sagte man ihm: nein, es wäre ein Irrtum, momentan hätte man keinen Bedarf. Pech gehabt! Der Spanier hat noch einen weiten Weg vor sich. Er kehrt zurück nach Malaga, eine weitere Tagesreise mit dem Bus.

Alle drei Stunden verlassen wir die Autobahn und halten an einer Raststätte. Neun Uhr abends erneut Pause und Gelegenheit, mir die Beine zu vertreten. Als ich an unserem Reisebus vorbeilaufe, öffnen sich die Klappen des Gepäckfachs und in dem Moment fällt etwas heraus. Bin ich der Einzige, der dies bemerkt? Überrascht erkenne ich: es ist mein Rucksack! Genaugenommen ist es nicht mein eigener, denn diesen habe ich nur geliehen. Unter keinen Umständen darf er verloren gehen, denn darin befindet sich alles, was ich für die Pilgerreise mitgenommen habe. Flugs greife ich nach ihm, verstaue ihn tiefer im Gepäckraum und äußere stumm den Wunsch, er möge bis zum Ende der Reise nicht verloren gehen. Ich bin nicht abergläubisch, daher interpretiere ich dieses Malheur auch nicht als ein böses Omen. Wenn ich erst in *Oviedo* angekommen sein werde, von dort aufbreche und die letzten Tage des Jahres bei einer wunderschönen Herbstwanderung auf dem Jakobsweg verbringen kann, wird das Jahr vollkommen sein.

Die Nacht bricht herein, Schatten senken sich über die Landschaft. Unsere Busbegleiter dimmen das Licht, schalten den Bordfernseher ein und starten DVDs zur Unterhaltung der Reisenden. Action ist angesagt:

Es beginnt mit dem Film ›Der Legionär‹ mit *Jean-Claude van Damme*. Zu deutsch vermutlich: *Hans-Klaus vom Deich*. Es folgt ein Thriller mit *Bruce Willis*: ›Stirb langsam‹. Wenn möglich, sollte dies nicht der Slogan für meine Tour werden. Die Dialoge des Films sind in Spanisch, dazu werden Untertitel eingeblendet: »Bem, Bem! Bom …« Was ich zuerst für eine Comic-Sprache halte. Später komme ich zu der Vermutung: es ist Portugiesisch. Es folgt ein weiterer Actionfilm mit *Bruce Willis*, dessen Titel mir entgangen ist – hauptsächlich besteht er aus monotoner Hand-

4

lung: 90 Minuten durchgehend Maschinengewehrsalven, unterstützt von Granaten, permanentem Geschützfeuer.

Zum Glück ruft auf meinem Mobiltelefon in diesem Moment keiner meiner besorgten Verwandten an. Wegen der Geräuschkulisse im Hintergrund mit lauten Explosionen und Dauerfeuer aus schweren Geschützen könnten sie befürchten, ich hätte mich nicht auf den Pilgerweg nach Santiago begeben, sondern für die gefährlichere Variante nach Jerusalem entschieden und würde mich jetzt in Syrien mitten im Bürgerkrieg befinden.

Eine Stunde nach Mitternacht endet der Film und wir werden in die Nacht entlassen. Ein letzter Stopp, Buswechsel, ich werde zum Umsteigen aufgefordert. Sicherheitshalber nehme ich den Rucksack diesmal in den Bus mit und stelle ihn zwischen meine Füße. Bald haben wir die spanische Grenze erreicht und fahren über das Grenzgebirge.
Ich liebe diese Fahrt in den Pyrenäen, wenn der Bus auf dem kurvenreichen Highway durch die Nacht rauscht, wenn eine endlose Lichterkette aus Straßenlaternen wie eine riesige Python vorbeizieht, während Lichtermeere spanischer Siedlungen in der Ferne funkeln wie ein Meer von Sternen.

Zurück

Ankunft 10 Uhr morgens. Endlich kann ich nach 24 Stunden Busfahrt meine Gelenke wieder zurechtrücken. Ich habe *Oviedo* erreicht, die Hauptstadt der spanischen Provinz *Asturien*.

Es gibt einen großen Schuhmarkt und ich hätte mich mit ein paar passenden Stiefeln eindecken können, wenn ich das vorher gewusst hätte. So jedoch hatte ich mir vor der Tour eiligst preisreduzierte Wanderschuhe in einem Restposten-Markt organisiert, mit denen ich mich bisher nicht richtig anfreunden konnte. Da sie mein Fußgelenk einquetschen und ich Schmerzen bei jedem Schritt empfinde. Aber ich werde mich an diese Schuhe gewöhnen müssen. Vielleicht werden sie sich dehnen und meinen Füßen anpassen. Und wenn nicht – egal. Diesmal habe ich nur eine kürzere Wanderung vor mir. Weniger als zwei Wochen, vermutlich 10 Tage werde ich für diesen Weg brauchen.

Eine Woche zuvor war mildes Wetter vorhergesagt, es sah nach einem goldenen Herbst aus. Nachdem ich die Busfahrt gebucht hatte, wurde die Prognose für die kommenden Tage nach unten korrigiert und jetzt ist es ziemlich frisch. Es fröstelt ein wenig. Sicherlich fühlt sich die Temperatur wegen meiner Müdigkeit kälter an, da ich vergangene Nacht im Bus schlaflos verbracht habe. Jedoch muss ich mich in Geduld üben und warmhalten. Die Pilgerherberge öffnet laut Hinweis ihre Pforten erst um 17:30 Uhr.

Bei einem Spaziergang durch Stadt bestaune ich die malerischen schneebedeckten Berggipfel im Hintergrund: die mächtige Gebirgsland-schaft der *Picos de Europa,* die sich über der Ebene erhebt. Möglicher-weise habe ich Glück, treffe unterwegs auf erste Vorboten des Winters und die ersten Schneeflocken fallen. Vielleicht. Derzeit ist es dafür aber noch nicht kalt genug.

Die Straßen der Altstadt sind gesäumt von zahlreichen Restaurants, von denen ich keines besuche. Ich fühle mich hier noch fremd. Oder zu müde. Bei einem Spaziergang durch einen Park fallen mir Jugendliche ins Auge, die in einem Kreis gruppiert auf dem Rasen sitzen, die sich abwechselnd erheben, um einen Baum zu umarmen. Spirituelle

Menschen, die mit dieser rituellen Berührung Kraft aus der Natur ziehen. Vielleicht eine religiöse Randgruppe. Möglicherweise Pilger.

Am Rande des Parks befindet sich die Touristeninformation, eine nette Spanierin händigt mir dort einige Informationen aus und so habe ich eine gute Übersicht über die wichtigsten Sehenswürdigkeiten. Die Wartezeit bis zum Abend vertreibe ich mir bei einem Spaziergang durch die Stadt und bewundere die vielen Gebäude im Jugendstil, besichtige die Kathedrale, sowie einige Kirchen. Eine von ihnen ist *Judas* gewidmet. Seltsam, denn in der Christenheit besitzt er keinen besonders guten Ruf. Von einer Kirche bin ich besonders beeindruckt: *San Juan el Real* – künstlerische Perfektion, abgerundet mit leuchtend roten Kuppeldächern.

Als ich am späten Nachmittag ein Bett im Schlafsaal beziehe, um mir nach der weiten Anreise ein paar Stunden Ruhe zu gönnen, befürchte ich, der Einzige zu sein – bis spät abends zwei Pilger ihren Kopf durch den Türrahmen in den Saal stecken und mich freundlich begrüßen. Zwei Franzosen. Ich fühle mich nun nicht mehr ganz verloren.
Abends sind die Beiden damit beschäftigt, Dehn- und Streckübungen im Aufenthaltsraum zu vollführen, während ich mir in der Kochecke mit Käse belegte Brötchen toaste. Nebenbei erfahre ich von meinen zwei Mitbewohnern: sie sind Skilehrer aus *Chamonix* - einer Stadt am Fuße des *Mont Blanc* – und wären einige Tage auf dem *Camino del Norte* gewandert: dies ist der Küstenweg und eine weitere Variante des Jakobsweges, der am Atlantik im Norden entlangführt. Weil dort fast keiner unterwegs gewesen wäre, erzählen sie, hätten sie sich entschieden, auf den *Camino Primitivo* zu wechseln. Und ich sei erst der dritte Pilger, dem sie unterwegs begegnen.

Regen

Wir haben unsere Rucksäcke gepackt, es ist kurz nach 8 Uhr und wir werfen einen Blick durch die Tür hinaus. Ich sehe nur Schwärze. Ein Regenschauer geht nieder.

»Wir gehen jetzt los. Kommst du nicht mit?«

»Wenn es etwas heller geworden ist«, murmele ich demotiviert, »und der Regen nachlässt.«

»Na dann – sehen wir uns heute Abend«, verabschieden sich die beiden Franzosen freundlich.

Ich schließe die Tür wieder und setze meinen Rucksack ab. Nein, das muss nicht sein, nicht für mich. Gleich beim ersten Schritt vor die Tür habe ich nasse Kälte gefühlt, die unangenehm in den Nacken kriecht. Eilig habe ich es nicht und fläze mich zurück auf das Bett. Das tut gut, da ich noch etwas müde von der langen Anfahrt bin.

Eine Stunde später spähe ich durch das Fenster. Auf der Scheibe lassen sich keine neuen Regentropfen nieder, die Morgendämmerung bricht herein. Freude regt sich bei mir – ich habe das große Los gezogen! Heute werde ich wieder auf dem *Camino* sein: dem Weg des Mythos, dem Pfad der Legenden und Abenteuer durch Spanien. Wie bedrückt habe ich mich die letzten Monate gefühlt, wie ein Vogel im Käfig. Wie fieberte ich dieser Wanderung entgegen, häufig mit dem Gedanken beschäftigt, zurückzukehren. Nun ist es wahr geworden: ich bin hier. Glückselig wie ein Erleuchteter verlasse ich die Herberge, genieße jeden Schritt durch die Stadt, schwebe an den Bauwerken im Jugendstil vorbei, während am Horizont die friedlichen Riesen der *Picos de Europa* über allem thronen.

Oviedo habe ich bald verlassen und der Pfad führt hinauf in eine leicht alpine grüne Landschaft, die mich an Österreich erinnert. Rinder beobachten mich neugierig mit großen Augen und mampfen friedlich, als ich an ihren Feldern vorbeimarschiere.

Ich bin auf dem *Camino*! Die gelben Pfeile, die Muschelsymbole, alles ist da. Was brauche ich mehr? Es kommt mir so vor, als wäre es meine eigentliche Heimat. Jetzt bin ich wirklich angekommen, es ist wundervoll. Endlich zurück. Mein Körper und mein Geist haben sich wiedergefunden. Ich fühle mich wie der ewig lächelnde Buddha. Glückselig. Vollkommen.

Auf einem Serpentinenpfad hole ich zwei Pilgerinnen mittleren Alters ein, die sich sogleich vorstellen: sie kämen aus Mallorca und Madrid, hätten sich in *Oviedo* verabredet und würden den *Camino* ohne Zeitdruck gemütlich angehen. Da die beiden Spanierinnen tatsächlich sehr langsam unterwegs sind, verabschiede ich mich nach der kurzen Unterhaltung wieder. Asturien wäre ihre »kleine Schweiz«, hatte die Pilgerin aus Madrid erzählt. Die Bezeichnung finde ich sehr passend für diese Gebirgslandschaft. Bald geht es abwärts, einem mäandernden Bach folgend, durch einen Kastanienwald. Gerade zur richtigen Jahreszeit, denn eine Menge Esskastanien liegen direkt auf dem Weg. Eifrig sammle ich, fülle eine ganze Tüte und habe einen großzügigen Vorrat. Da ich mich auf der letzten Wanderung im vergangenen Sommer häufig von Brombeeren ernähren konnte, hatte ich mich zuletzt gefragt, mit welcher Nahrung sich der »primitive« Pilger im Winter versorgen kann. Die Frage ist beantwortet: es gibt Kastanien in Hülle und Fülle.

Zugvögel haben sich in den Sträuchern versammelt und debattieren mit wildem Gezwitscher. Einen Augenblick später, wie auf ein Kommando, erheben sie sich mit kräftigem Flügelschlag, finden zu einem Schwarm zusammen und schweben einen Moment über mir. Sie ziehen nach Süden. Es sind die ersten Vorboten des Winters.

Irgendwo bin ich falsch abgebogen, weitere Wegmarkierungen fehlen. Das letzte Muschelsymbol an einer Gabelung war nicht ergänzt mit einem gelben Pfeil. So musste ich raten, welche Abzweigung die Richtige ist. Egal. Wichtig ist, dass ich unterwegs bin. Mir kommt eine spirituelle Erleuchtung: man muss nicht immer vorgegebenen Pfaden folgen. Wenn man weiß, wo man hin will, ist man auf dem richtigen Weg. Der *Camino* ist überall. Außerdem habe ich ein Smartphone mit GPS, bin nicht orientierungslos und kann meine Schritte in Richtung der nächsten Siedlung lenken.

Rechts des Weges, so besagt ein Schild, befänden sich Überbleibsel einer mittelalterlichen Siedlung. Vereinzelte Steine, die aus einer grünen Wiese herausragen. Man braucht viel Phantasie, um sich eine Ruine vorzustellen.

Als ich die Muschelsymbole und somit den *Camino* wiedergefunden habe, ist der Fußweg mit Quadern aus Sandstein gepflastert. Eine alte Römerstraße muss dieser Pfad durch den Wald sein, vermute ich, als ich plötzlich Getrappel von Hufen höre. Hinter einem Zaun erscheinen zwei Pferde und beobachten mich neugierig. Als ich meinen Weg fortsetze, laufen sie hinter ihrem Zaun parallel nebenher, bleiben kurz stehen, trappeln weiter und blicken mich erneut an. *Was wollen die Beiden? Etwas zum Knabbern? Kastanien hätte ich anzubieten. Ob die so etwas vertragen? Was, wenn sie sich den Magen daran verderben? Vielleicht sind es wertvolle Reitpferde, gezüchtet für Milliardäre in Dubai. Dann könnte das teuer werden. Nein, lieber mampfe ich alle Kastanien selbst.* Der Wald mündet in eine Lichtung, dort endet das eingezäunte Gelände und meine unermüdlichen Begleiter müssen zurückbleiben.

Eine Gabelung mit Wegweisern folgt: Der *Camino de Santiago* direkt geradeaus oder ein *Camino* zu irgendwelchen *Ruinas Romanas* linker Hand. Darunter ist angegeben, dies wären 2 km Umweg. Nicht zu viel, um mir römische Ruinen entgehen zu lassen. Etwas versteckt hinter einer Kirche entdecke ich sie auch: das Kellergewölbe einer kleinen Römertherme, ein Raum von maximal einem Meter Höhe, in dem das Feuer von Sklaven geschürt werden musste, damit die Herren darüber es schön warm hatten. Vor zweitausend Jahren. Spektakulär sind diese Ruinen jedoch nicht.

Bald rücken die Berge von beiden Seiten zusammen und ich wandere durch einen Canyon. Durch Ortschaften, die aus einem oder zwei Gebäuden bestehen und so kann ich häufig zwei Schilder, die den Ortsanfang und das Ortsende markieren, gleichzeitig sehen.

Bis *Grado* bin ich trockenen Fußes vorangekommen, jetzt öffnet der Himmel seine Schleusen und es stellt sich heraus: es ist sehr vorteilhaft, dass dieser geliehene Rucksack einen integrierten Sackschutz hat. Gegen den Regen.

Grado ist nicht gerade eine Stadt, die man gesehen haben muss: Beton, besprüht mit Graffiti. Nach einer kurzen Rast bei Tortilla und Bier setze ich meinen Weg fort, es geht eine Weile aufwärts, später muss ich eine neugebaute Autobahn umständlich umwandern, um die Herberge von *St. Jean de Villapanada* zu erreichen, wo mein Weg jedoch vor einer verriegelten Tür endet. Bibbernd stehe ich davor und werde unerbittlich von oben nasskalt getauft. Ich klopfe. Nach einer Weile wird die Tür geöffnet und die beiden Franzosen begrüßen mich, denen es aber nicht gerade gut zu gehen scheint. Mittags, so erzählen sie, hätten sie sich frittiertes Huhn als Mahlzeit gegönnt, das wohl nicht ganz frisch gewesen wäre. Abwechselnd begeben sie sich jede halbe Stunde in die sanitären Einrichtungen, worauf ein lautes Gurgeln zu hören ist.

Als sie sich etwas besser fühlen, erscheint der Herbergsverwalter und erklärt uns die Einrichtung des Hauses. Zuerst die elektrische Installation. Die ist etwas schwachbrüstig: will man in der Küche etwas zubereiten, darf man nur eine einzelne Platte oder nur den Backofen benutzen. Zuvor muss man alle anderen Geräte ausschalten, vor allem den Kaffeeautomaten. Gleichzeitig darf keiner im Bad heiß duschen, da sonst der elektrische Durchlauferhitzer anspringt, was die Sicherungen überfordert.

Immer wieder Kurzschluss und wir stehen im Dunklen. Uns wird daher erklärt, wo der Sicherungskasten zu finden ist.

Der *Hospilero* sagt, er würde nun gerne unsere Reiseführer sehen. Ich reiche ihm etwas verschämt meine ausgedruckten Zettel mit der Liste der Herbergen, weil mir gerade auffällt: ein Teil scheint verloren gegangen zu sein. Nach einer kurzen Durchsicht sagt er vorwurfsvoll zu mir: meine Planung für den Weg wäre *sehr, sehr, sehr schlecht*. Genau so hatte ich mir das ja vorgenommen: nur das Nötigste planen, mich einer Herausforderung stellen und vielleicht ein Abenteuer erleben …

Aus einem Ordner zückt er Karten mit Etappenplänen, hält geduldig einen Vortrag über verschiedene Details des vor uns liegenden Weges, gibt Empfehlungen für Tagesetappen und erstellt mir eine schriftliche Liste mit Entfernungen, sowie den Herbergen auf dem Weg. Die französischen Pilger hören gespannt zu, erwidern jedoch: so viel Zeit hätten sie nicht, denn nach den vorgeschlagenen Etappen kämen sie zwei Tage zu spät in Santiago an und würden den Zug verpassen, den sie schon gebucht hätten. Der *Hospitalero* blickt immer nachdenklicher auf die Etappenpläne und zuckt nach einer Weile mit den Schultern. Man könnte ja die eine oder andere Strecke mit dem Bus abkürzen, sagt er schließlich. Bevor er vom Tisch aufsteht, zieht er eine besorgte Miene, zeigt auf der Karte an eine Stelle, bei der zwei Alternativwege eingezeichnet sind und spricht eine eindringliche Warnung aus: »Nehmt auf keinen Fall diese Variante. Der Weg ist gefährlich. Biegt dort links ab und wählt den längeren Weg über die Serpentinen. Nehmt auf keinen Fall den direkten Weg über den Pass!«

Als sich draußen das Dunkel der Nacht durchgesetzt hat und ich mit den Franzosen wieder allein bin, mampfen wir zusammen die gerösteten Kastanien und diskutieren eine Weile über die Wegplanung. Draußen regnet es immer noch in Strömen, als wir ein Klopfen an der Tür hören. Die zwei Spanierinnen, die gemütlich gewandert waren, stehen vor der Pforte mit einem neuen Begleiter. Der aus Madrid stammt, wie wir erfahren.

In *Grado*, berichten die Drei, wären sie eine lange Zeit auf der Suche nach einer Unterkunft durch die Stadt geirrt. Zu dieser Jahreszeit, in der kaum jemand unterwegs ist, wären jedoch alle privaten Herbergen und Hotels geschlossen. Erst nach Einbruch der Nacht hätten sie ein Taxi organisieren können, das sie zu dieser Herberge bringen konnte.

Flut

27. November, San Juan de Villapanada → Bodenaya

Fröstelnd schlage ich meine Augen auf, schaue durch das Fenster auf die wolkenverhangene Landschaft, da höre von dem Bett nebenan ein gutgelauntes »¡Buenes Dias!«, wende meinen Kopf und sehe drei Pilger in einem Bett liegen. Den Spanier beneide ich, er durfte zwischen den zwei Spanierinnen schlafen und hatte es warm und kuschelig, während ich frieren musste.

Schläfrig blicke ich wieder hinaus. Meine Motivation zum Pilgern lässt sogleich nach, als dicke Tropfen die Scheiben von außen benetzen, Wasser herunterrinnt und die Landschaft stark verzerrt aussehen lassen. Ich gehe zum Eingang, öffne die Tür und sehe, was sich draußen abspielt: ein sintflutartiger Wolkenbruch. Nach einer warmen Dusche aktiviere ich den Getränkeautomaten in der Küche, lasse mir einen Becher Kaffee zubereiten und beginne nebenbei mit dem Packen.

Eine Stunde später öffne ich die Tür erneut: es regnet nicht mehr, strahlender Sonnenschein ergießt sich über eine nass glänzende Landschaft. Augenblicklich dränge ich die Franzosen: wir sollten uns schnell fertig machen, denn wer weiß, wie lange uns dieses Glück hold bleibt. Wir ziehen unsere Wanderkleidung an, schultern die Rucksäcke und öffnen die Tür – ein erneuter Regenguss schüttet Wassermassen gnadenlos aus dunkelgrauen Wolken. Es scheint, als ob ich beim Öffnen der Tür jedes Mal in eine andere Welt blicke.

Danach ändert sich das Wetter kaum noch. Wir wollen jedoch nicht noch länger warten und starten in den Regen. Eine nagelneue Autobahn zerschneidet die einst idyllische Landschaft: wir wandern über Schotterberge, Baumaterial, das für die Straße aufgehäuft wurde. Nicht wirklich schön. Leider. Bei der Streckenführung des *Camino* ist es häufig so, dass im Zuge des Fortschritts der Weg verlegt werden musste und er keine historisch exakte Pilgerroute gibt. Genau genommen gibt es keinen eindeutigen *Camino*, da die Menschen dort wanderten, wo es am Geeignetsten für sie war. Eine Konstante des Weges sind die historischen Pilgerherbergen, aber auch das änderte sich im Laufe der Zeit. Manche Unterkünfte wurden aufgegeben, anderorts neue errichtet.

Steil bergab marschieren wir drei hintereinander durch ein Rinnsal von Schlamm und Wasser. Ich befinde mich an zweiter Position und schlittere mehr, als dass man meine Fortbewegungsart als Marsch bezeichnen könnte. Plötzlich merke ich, wie meine Schuhe den Halt verlieren und schwebe kurze Zeit in der Luft, rudere mit den Armen und ... kann mich gerade noch fangen. Kurz, bevor ich den Franzosen vor mir mitgerissen hätte. »Wow!«, reagiert mein Hintermann und applaudiert begeistert. Ich kann nicht abschätzen, wie viele Meter ich geschlittert bin ohne hinzufallen. Es muss ein grandioses Kunststück gewesen sein.

Zusammen wandern wir an der Straße entlang, in der Ferne erheben sich gigantische Türme. Diese werden gerade neu errichtet, was man an Stahlgerüsten erkennen kann, auf denen Menschen wie Artisten umher klettern. Wahrscheinlich ist es eine der EU-Strukturförderungsmaßnahmen, die auch diese entlegene Region Spaniens enger mit dem EU-Binnenmarkt verbinden soll, um Arbeitsplätze zu schaffen. Bald wird sich auf diesen Türmen ein Viadukt über die Ebene spannen und LKW-Kolonnen über eine neue Autobahn brausen. Ob dieses technische Wunderwerk in Zukunft die erhofften Jobs bringen wird, ist ungewiss. Sicher ist, dass diese Maßnahmen den *Camino* und die Landschaft nachhaltig zerstören.

Vor uns erhebt sich ein verfallen aussehendes Kloster, von dem Gebäudekomplex nehme ich einige Fotos auf. Auf den zweiten Blick scheint es keine Ruine zu sein, die meisten Gebäude sind gut erhalten, dennoch ist der von Mauern umgebene Garten verwildert und vereinzelte Mauerreste ragen zwischen Brombeerranken hervor. Gerne würde ich mir das genauer ansehen, jedoch sind meine beiden Begleiter mittlerweile ein gutes Stück auf dem steilen Anstieg, der dem Kloster folgt, voraus gewandert.

Ich setze mich wieder in Bewegung, schleppe mich aufwärts und lege noch einen Zahn zu, um im Laufschritt zu meinen Kollegen aufzuschließen. Fast geht mir die Luft aus, bis der Trampelpfad, der durch einen Kastanienwald führt, wieder flacher wird.

Die Franzosen legen durchgehend ein zügiges Tempo vor. Ich kann gerade noch mithalten, meine Stiefel bieten auf dem matschigen Boden wenig Halt und ich strauchle regelmäßig, mir gelingt es aber immer wieder, mich gerade noch abzufangen. Abermals schlittere ich, rudere mit den Armen und ... Platsch! Diesmal lande ich in einer Lache aus Matsch und modrigen Herbstblättern. Die Franzosen halten einen Moment und fragen: »Alles okay?« Ich stehe auf, wische mir den Schlamm aus dem Gesicht und antworte: »Alles gut!«, worauf sie, wieder beruhigt, die Wanderung in ihrem Tempo fortsetzen. Und bald außer Sichtweite verschwunden sind.

Für die Tour hatte ich - in weiser Voraussicht - eine wasserdichte Regenhose eingepackt, was sehr schlau ist. Hätte ich sie nur angezogen. Das wäre noch schlauer gewesen.

Was soll das Gehetze? Mit diesen Franzosen kann ich definitiv nicht mithalten. Eigentlich hatte ich mich für einen sehr fitten Wanderer gehalten, denn auf der ersten Etappe im vergangenen Sommer über die Pyrenäen, auf dem *Camino Francés,* hatte ich in kurzen Abständen andere Pilger überholt. Meine Begleiter, die mich soeben abgehängt haben, sind ganz andere Kaliber: Berufssportler, gestählt durch ihre alpine Heimat und nahezu halb so alt wie ich. Nun bin ich alleine, trotte gemütlich vorwärts und sammle ab und zu Kastanien, bis ich das Waldende erreiche. Eine Ebene öffnet sich vor mir und ein Brunnen plätschert vor sich hin.

Bei Santiago kann ich mich reinwaschen: die Quelle ist dem Heiligen Apostel gewidmet. Klares Wasser lasse ich über Jacke und Jeans laufen und schrubbe mit einer Socke den Schlamm herunter, bis meine Kleidung einen halbwegs sauberen Eindruck macht. Ich will ein zivilisiertes Erscheinungsbild abgeben, wenn ich die nächste Siedlung erreiche, einigermaßen wenigstens. Ein paar verbleibende Flecken von Matsch werden auf meinen schwarzen Jeans wohl nicht auffallen.

Wenn die Tour so weiter geht, werde ich bald über mich selbst lachen – über meine Idee: auf jeden Fall, noch vor Jahresende, nochmal wandern zu gehen. Das musste sein, unbedingt! Tolle Idee.

Leichter Wind streift durch die Ebene und trocknet meine Jeans bei der Wanderung entlang der stark befahrenen Landstraße. Sie führt an einer riesigen Milchfabrik vorbei, in der möglicherweise die gesamte Milchproduktion *Asturiens* verarbeitet wird und gleichzeitig kündigt sich die nächste Stadt an: *Salas.* Eine Ritterburg mit zwei Türmen prägt das Zentrum dieser mittelalterlichen Stadt. Man könnte diese Burg auch besichtigen, jedoch um diese Uhrzeit nicht mehr, denn das Tourismus-büro ist nachmittags geschlossen.

Eines der Argumente, eine Wanderung in dieser Region zu machen ist: Restaurants und Unterkünfte sind sehr billig. Für 8 Euro bestelle ich mir in dem Ort ein *Menú del Dia* – es besteht aus vier Gängen. Und zwar deswegen, weil ich zuvor naiv die Frage stellte, ob es auch Salat zur Auswahl gäbe. Das stand nicht im Angebot. Der erste Gang wäre nur Garnelensuppe, jedoch wird mir als Vorspeise zusätzlich Tomatensalat serviert. Ein Extra-Service. Hier geht auf man auf die Sonderwünsche jedes Gastes ein. Endlich wieder kostengünstig und reichhaltig schlemmen: wie habe ich das vermisst!

Währenddessen setzt Gewitter ein, der einen Starkregen auslöst. Und der nicht nachlässt. Beim Kellner erkundige ich mich vor Verlassen des Restaurants, wo der *Camino* weiterführen würde. Er beschreibt den Weg und zeigt mir, nach welcher Abbiegung ich die nächste Markierung finden werde, fragt mich aber verunsichert, was ich denn dort wolle? - bei dem Unwetter sicher nicht durch den Wald gehen, er könne mir ein Taxi rufen.

Doch, ich will weiter, versichere ich ihm, obwohl ich beim Blick vor die Tür und auf den munter plätschernden Bach, der sich wie eine Kreuzotter die Straße hinunterwindet, wenig Lust verspüre, weiterzu-gehen. Es sieht jedoch nicht so aus, als ob das Warten besseres Wander-wetter bringen würde, daher nehme ich alle meine Willensstärke zusammen und wecke den Pilger in mir. Diese Tour habe ich mir ausge-sucht, bin also quasi auf einer Mission. Trotz aller Widrigkeiten muss ich da durch. Einfach die Zähne zusammenbeißen und hinein in die Düsternis.

Am Ortsende von *Salas* beginnt ein Waldstück, die Markierungen führen bergauf. Was zu anderen Jahreszeiten ein Wanderweg wäre, hat sich in einen Fluss verwandelt. Ich wandere entgegen der Strömung und versuche, wo es möglich ist, seitlich auszuweichen und denke: *Alles ist im Fluss ... hat der Philosoph, der diese sinnlosen Worte verkündet hat, diese Tour unter gleichen Bedingungen unternommen?* Irgendwann habe ich mich daran gewöhnt, dass der *Camino* sich durchgehend in einen wilden Bach verwandelt hat. Abrupt endet er und mündet in eine Straße.

Der Verlauf meiner heutigen Teilstrecke ist in weiten Teilen zerstört durch den Neubau von Autobahnen und Schnellstraßen, führt über Serpentinen eine brandneue, aber enge Landstraße hinauf, die beidseitig flankiert ist von Leitplanken. Es gibt keine Alternative, als auf der Straße zu pilgern. Sollten Autofahrer mich jetzt übersehen, ist es mit dem Pilgerleben vorbei. Die Chancen dafür stehen nicht schlecht. Es ist düster und neblig. Und es schüttet durchgehend.

Bei der Ankunft in *Bodenaya* ist der Empfang sehr herzlich – die Franzosen waren, wie erwartet, lange vor mir angekommen und begrüßen mich zusammen mit der *Hospitalera*, für die der *Camino* der wichtigste Lebensinhalt zu sein scheint. Warum, wird mir klar, als ich erfahre, welche Krankheit sie überwunden hat und am eigenen Leib bemerkt hat, wie kurz das Leben sein kann.

Während ich meine Wäsche aufhänge, von der nicht ein einziges Stück trocken geblieben ist und mich im Anschluss vor den Holzofen setze - die einzige Wärmequelle der Herberge - läuft im Hintergrund ein Kassettenrecorder. Ein melancholisches Lied wiederholt sich den ganzen Abend, wohl der Lieblings-Chanson der Herbergsverwalterin: »¿Peregrino, donde vas …?« - *Pilger, wo gehst du hin?* Langsam beginnt das Gefühl in meinen Armen und Beinen, die fast taub waren, zurückzukehren, was sich mit Schmerzen ankündigt.

Die Herberge hat einen besonderen Flair, rustikal im Fachwerkstil mit offenen Holzbalken. Vielleicht ein restauriertes Bauernhaus. Mit einem Gemeinschaftsraum im Erdgeschoss, in dem sich eine Küche, ein Tresen mit Barhockern und eine große Tafel befindet. Dort sitzen die Anderen und plaudern.

Bevor ich mich an den Tisch dazuselle, begebe ich mich ins Badezimmer der Herberge und verbringe dort einige Zeit, lese einen Zettel mit dem Hinweis, man solle doch bitte sparsam mit dem Wasser umgehen und beginne bei der Wohltat des warmen Duschbades fröhlich zu pfeifen, während ich fühle, wie meine Lebensgeister durch das warme Wasser wiedererweckt werden.

Als ich fertig mit Duschen bin und mich zu den Anderen gesetzt habe, serviert die Herbergsverwalterin uns ein Abendessen mit Schnitzel und Salat für jeden, während sie berichtet: die letzten Tage hätte sie alleine in dieser Herberge ausgeharrt, derzeit wäre kaum jemand auf dem *Camino* unterwegs, jedoch hätte sie eine Vision gehabt: 3 Pilger werden heute ankommen. Sie habe sich aus dem Grund entschlossen, für vier Personen einzukaufen. Und sie erzählt ein wenig über ihr Leben als *Hospitalera:* sie wäre Italienerin, betreue jährlich mehrere Monate diese Unterkünfte, und den folgenden Tag würde sie nach *O Cebreiro* fahren, um dort die Pilgerherberge des *Camino Francés* zu betreuen.

Nach dem Essen, als wir uns mit ihr über den weiteren Weg und die Planung der nächsten Tage unterhalten, gibt sie uns einen Hinweis: »Auf dem Weg über den Pass, wählt die längere Variante links. Der direkte Weg über den Pass ist im Winter gefährlich.«

Klar, wir wissen bereits Bescheid und nicken, denn der *Hospitalero* am Vortag hatte uns genau diese Stelle auf der Karte gezeigt und eindringlich davor gewarnt, die andere Abzweigung zu nehmen.

Im oberen Stockwerk befinden sich drei Schlafräume, auf die wir uns bald verteilen. Es ist kühl, da dieses alte Gebäude nicht gut isoliert ist. Und ich bin erleichtert, als uns Wolldecken zugeteilt werden.

Sturm

28. November, Bodenaya → Campiello

Das Unheil bricht nachts herein.

Boom! - durchgehend folgt in kurzen Abständen ein Donnerschlag dem nächsten, draußen pfeift heftiger Sturm, Hagel trommelt auf das Dach, Regen peitscht gegen die Fenster, der scharfe Wind rüttelt unerbittlich an den Fensterläden. Es ist eiskalt, gruselig, unheimlich und stockfinster. Wäre dies ein Harry-Potter-Roman, würden jetzt *Dementoren* auftauchen.

In meinem kalten Bett bibbere ich trotz der Wolldecke die ganze Nacht und finde keine Sekunde Schlaf, bis Lichter von Taschenlampen die Dunkelheit durchdringen und damit ankündigen, dass die Ersten mit Packen beginnen.

Die Herbergsverwalterin serviert ein kleines Frühstück, das wir dankbar annehmen. Nebenbei sammeln wir unsere Wäsche ein, die über einem Wäschegestell vor dem Holzofen zum Trocknen hing. Bald ist es 9 Uhr, wir packen uns dicht ein, treten vor die Tür und beobachten von der überdachten Terrasse aus draußen das Wetter. Immer noch ist es stockdunkel, zwischendurch zuckt in kurzen Abständen ein greller Blitz, ein himmlischer Dammbruch scheint alle Wasserreserven auf die Erde zu entladen.

Während die Franzosen vorausgehen, nehme ich mir Zeit, meine Überbekleidung so zurechtzurücken, dass ich perfekt eingepackt bin. Diesmal mit Regenhose, die Kapuze der Extremtouren-Jacke tief ins Gesicht gezogen, Rucksack mit Regenüberzug. Hoffentlich hält Alles dicht. Bei dem Wetter würde man keinen Hund vor die Tür jagen, aber ich bin Pilger, also 3-2-1 ... Los! Nach dem ersten Schritt fühle ich zusätzliches Gewicht, da der massive Regen auf mir lastet, während ein Sturm fegt. Ich schiebe alle Bedenken beiseite, stemme mich gegen den Seitenwind und lege ein schnelles Tempo vor. Eine mechanische Bewegung, ein gleichmäßiger Marsch, vorwärts, nicht stehenbleiben.

Nach einer Weile in dem niederprasselndem Regen bringt mich die Situation zum Lachen - über mich selbst und meine Idee: den *Camino Primitivo* im Winter zu unternehmen. *Nein* – so habe ich mir die Tour definitiv nicht vorgestellt, so wollte ich das gar nicht. Wäre ich doch einfach daheim geblieben.

Auf einem Berggipfel rechts von mir tobt sich das Gewitter aus. *Was für ein Glück,* denke ich, als es abdriftet, von mir wegzieht und der Regen etwas nachlässt. Der Weg beschreibt eine Rechtskurve, eine Pilgerstatue blickt mich aus dem Schnee an und unter mir taucht die Stadt *Tineo* auf. Das Gewitter hat seine Richtung geändert, befindet sich jetzt genau über mir und entlädt unter lauten Donnerschlägen das kalte Nass, unerbittlich.

Als ich *Tineo* durchquere, stapfe ich an einer Gruppe von Spaniern vorbei. Ein jüngerer Mann schaut mich verdutzt an. Kurz darauf schüttelt er sich vor Lachen. Ich höre, wie er zu den anderen in Spanisch sagt: verrückt, bei so einem Wetter zu wandern.

Auf einem Pfad durch den Wald offenbart sich das Resultat der Zerstörungswut der vergangenen Sturmnacht. Wild durcheinander gefegtes Buschwerk, abgerissene Äste, entwurzelte Bäume, einer hat sich quer über den Weg gelegt, so dass ich eine Entscheidung treffen muss: darüber klettern oder darunter hindurch? Zu hoch und zu viel Geäst, also bleibt nur die zweite Option, darunter hindurch zu kraxeln. Ein heftiger Orkan scheint hier nachts niedergegangen zu sein. Gummistiefel wären von Nutzen, um dem *Camino* über die überschwemmten Pfade zu folgen.

Der Weg führt aufwärts, etwas Schnee ist am Wegesrand liegengeblieben. Nicht viel, aber genug, um mir einen Wunsch zu erfüllen: einen Schneepilger zu errichten! Zwei Kastanien als Augen, ein Blatt als Nase, ein zweites als Mund, einen Zweig als Pilgerstab und meine Mütze obendrauf. Einen Moment bestaune ich mein Werk und nehme viele Fotos auf. Zum Schluss nehme ich dem Pilger die Mütze wieder weg, ziehe sie über meinen Kopf und setze den Weg fort mit den Gedanken: *werden die spanischen Pilger hier später vorbeikommen und mein Kunstwerk bestaunen?*

Der Waldweg führt an Feldern vorbei, die häufig von seitlichen Steinmauern begrenzt werden. Immer wieder klettere ich hoch und balanciere darauf entlang, da der Weg weitgehend überschwemmt ist. Ausgedehnte Wasserlachen, immer wieder Bäche, über die ich springen muss. Nun blockiert jedoch das weitere Fortkommen ein See, der die ganze

Breite des Weges einnimmt und dessen Tiefe ich nicht einschätzen kann. Mindestens zehn Meter weit muss das trübe Nass durchwatet werden, der schlammige Grund ist womöglich rutschig. Ich bleibe stehen. Verzweiflung macht sich breit, als ich die Situation analysiere. Nein, das wage ich nicht. Ein Gummiboot wäre jetzt recht.

Trotz seitlicher Begrenzungen aus Stacheldraht erkenne ich das Umgehen als geringeres Übel und suche eine Stelle, an welcher der Zaun am niedrigsten ist, so dass ich ihn mit wenigen Kratzern überwinden kann. Das stellt sich einfacher als erwartet heraus und ich schleiche mich an Rindern vorbei, die unter der Schneedecke wühlen, um das darunter verborgene Gras zu suchen, bis der Pfad hinter dem Stacheldraht eine Biegung zur anderen Seite nimmt. Es wird Zeit, den Überstieg zurück auf den Weg zu finden. Kratzer vom Stacheldraht nehme ich in Kauf, dennoch war dies eine bessere Alternative, als durch das eiskalte Wasser mit unbekannter Tiefe zu waten.

Heftiges Schneetreiben erwartet mich, als ich die vegetationsfreie Höhe erreicht habe. Tiefer Schneematsch bedeckt den Pfad und die Felder. Ein *Refugio* links des Weges - eine kleine Notunterkunft für Pilger, die im Sommer vermutlich hier Schutz vor der Sonne finden und Brotzeit halten - steht inmitten eines Sees im eiskalten Wasser, auf dessen Oberfläche kleine Eisberge schwimmen. Um dorthin zu gelangen, müsste ich schwimmen.

Morgen breche ich diese Tour ab, nehme den Bus und fahre direkt nach Santiago und bleibe dort die restlichen Tage bis zum Rückflug, sage ich beim Rundblick über die Winterlandschaft zu mir, beim Anblick dieser vollendeten Trostlosigkeit. Ich überquere den höchsten Punkt, werde von Windböen durchschüttelt, danach geht es abwärts durch Schnee und Regen.

Der Weg bergab wird zunehmend steiler und beim Gang über den Schneematsch, der unter meinem Gewicht wegsackt, fällt mir zunehmend auf, dass meine Schuhe fast kein Profil besitzen. Wurde die Sohle nur für den Hausgebrauch hergestellt? Bei jedem Schritt schlittere ich und habe Mühe, das Gleichgewicht zu halten, was auf Dauer äußerst mühselig ist. Ein paar Kilometer führt der Weg abschüssig durch den Schnee, bis die Markierungen ankündigen, dass eine Landstraße überquert werden muss, danach geht es wieder durch Schnee, nach *Campi-*

ello. Das Ziel der Tagesetappe, dort befindet sich eine private Herberge. Meine Entscheidung, nicht den Wegweisern des *Camino,* sondern den Straßenschildern zu folgen, fällt leicht: die Straße ist geräumt, also gehe ich lieber auf dem schneefreien Asphalt weiter. Bei Dämmerung erreiche ich ein Dorf, eine kleine Siedlung, die aus ein paar Häusern sowie Kuhställen und Silos besteht. *Die Herberge?* - erkundige ich mich bei einem Dorfbewohner, woraufhin er mich zu einem Restaurant schickt, in dem ich die nötigen Informationen bekäme.

Ich trete ein und werde sofort von einer Frau in der Bar begrüßt. Auf meine Frage »Albergue« zückt sie einen Notizblock und schreibt auf, was ich zahlen solle. Erst bin ich verwundert über den hohen Betrag, zögere aber nicht und bezahle – nach dieser lausigen Etappe will ich nur noch einen Platz für die Nacht. Lächelnd erklärt sie, der Preis wäre für Unterkunft, Abendessen und Frühstück.

Sie führt mich zur anderen Seite der Straße und in einen großen Schlafsaal hinein, in dem die beiden Franzosen es sich schon auf dem Bett bequem gemacht haben und gerade lesen. Als die Dame Socken und Schuhe bemerkt, die zum Trocknen auf der Heizung liegen, beginnt sie zu schimpfen: man solle doch gefälligst den Trockner verwenden. Dieser steht beim Eingang und ist so riesig, dass man bequem drin sitzen könnte. Die Franzosen entgegnen, das bräuchten sie nicht für ihre wenigen Sachen. Die Herbergsverwalterin wird ungehalten, es entwickelt sich ein Streit: Die Heizkosten verschlängen Unsummen, sagt sie anklagend, daher solle man doch wenigstens diesen Münztrockner verwenden, sonst würde sich das Ganze für sie gar nicht rechnen!

»Das ist doch nicht unser Problem«, entgegnen meine Pilgerkollegen abwechselnd, während sie sich einer Tirade an Vorwürfen ausgesetzt sehen und sie wiederholen: »das ist doch nicht wirklich unser Problem.«

Mir macht es nichts aus, den Trockner zu benutzen. Umziehen und alles hinein, was ich nicht zum Schlafen brauche, denn meine gesamte Wäsche ist von Wasser durchtränkt. Selbst der integrierte Überzug des Rucksacks gegen Nässe war bei dem miesen Wetter wirkungslos.

Nachts höre ich beständig Muhen durch die Wand – der Schlafsaal ist wohl direkt an einen Stall gebaut. Und es wird im Raum nachts immer kälter. Wegen der fehlenden Einnahmen für den elektrischen Trockner will die Herbergsverwalterin nun wohl Heizkosten sparen.

Himmel und Hölle

29. November, Campiello → Berducedo

Einige bezahlen für eine vergleichbare Expedition ein Vermögen, um ihr Schicksal in der lebensfeindlichen Todeszone des Nanga Parbat oder auf dem Mount Everest herauszufordern. Das kann man viel billiger haben: auf dem *Camino Primitivo* im Winter.

Morgens habe ich eine Idee, wie ich meine Klamotten gegen die Nässe schützen kann: ich verstaue die getrockneten Textilien in einer Tüte, packe diese mit der Öffnung nach unten in den Rucksack und ziehe den Sackschutz darüber. Das muss dichthalten. Vielleicht ist es sogar wasserdicht genug, falls ich einen Abschnitt des Weges im Tauchgang zurücklegen muss.

Beim Frühstück trichtert uns die Herbergsverwalterin ein, wir sollen aufpassen, dass uns ihr Hund nicht folgt. Wir brechen im leichten Nieselregen auf und wer folgt: ihr Hund. Nach wenigen Schritten, am Ortsende, rufen wir zusammen: »Geh zurück!«, und zeigen mit der Hand zum Ort. Er blickt uns an, wir drehen uns um und marschieren weiter. Er streunert uns dennoch unablässig nach. »Jetzt aber fix, Du! Heim zu Frauchen!«, ruft ihm - frei übersetzt - Theo zu. Aus großen Augen schaut der Vierbeiner uns an und senkt unterwürfig seinen Kopf. Als wir uns wieder in Bewegung setzen, gesellt er sich erneut zu uns, hüpft durch das Grün an der Seite, kehrt wieder zurück und dackelt fröhlich neben uns her. Wir geben es auf. Selbst wenn wir es wollten, könnten wir ihn nicht einfangen und zurückbringen.

»Der macht doch sowieso, was er will«, konstatiert Theo, »wenn er nicht herumstreunen soll, hätte sie ihn einfach irgendwo anbinden können.«

»Vielleicht wollte sie uns veräppeln«, bemerkt Jojo, als der Hund an uns vorbeirennt und demonstriert, dass er viel schneller laufen kann als wir. Er trabt eine Weile auf der Straße voraus.

Im nächsten Dorf lachen wir, als der Hund zu einem anderen läuft und ihn freudig begrüßt.

»Er wollte wohl seine Freundin besuchen«, amüsiert sich Theo.

Am Ende der Siedlung geht es aufwärts, am unteren Ende eines Grundstücks gab es einen Erdrutsch und eine Mauer ist eingestürzt. Der Regen der letzten Tage war wohl zu viel für dieses Grundstück. Angehörige einer spanischen Familie wuseln eifrig herum, winken uns kurz freundlich zu und gehen erneut ihrer Beschäftigung nach, sammeln herumliegende Steinbrocken und schaufeln Erde von der Straße in eine Schubkarre.

In einem Waldstück versuche ich, soweit möglich, Wasserlachen zu umgehen, während die Franzosen sich diese Mühe ersparen und mitten hindurch tappen. Nass seien ihre Schuhe sowieso, daher sei es egal. Ich empfinde dies dennoch als unangenehmer. Als wir den Wald verlassen und beiderseits Felder liegen, hat sich auf dem Pfad knietief Wasser angestaut. Besser gesagt: tiefer schwarzer Matsch. Der nun selbst meinen Begleitern zu unwegsam wird. Wir klettern über einen Zaun, wandern über eine Wiese und versuchen über Grasnaben zu balancieren, sinken jedoch selbst auf diesem Untergrund ständig ein. Zum Schluss steigen wir über einen Stacheldrahtzaun und Ratsch! … das war meine wasserdichte Regenhose. Jetzt ist sie in der Mitte zerteilt und ich trage über den Jeans zwei Beinlinge. Spätestens am Ende der Tour werde ich sie entsorgen.

Wir stehen nun vor einer Gabelung: rechts geht es aufwärts. Links zuerst eben, bis sich ein leicht abfallendes Gelände anschließt. Eine Schautafel vor uns zeichnet Linien und Höhenprofile. Die rechte Variante über *Hospitales*, einen Höhenweg, ist demnach kürzer. Links geht es nach *La Pola*.

Einen Moment diskutieren wir, da uns die *Hospitaleros* vor der rechten Variante eindringlich gewarnt haben. Sollen wir diesen Weg dennoch wagen? Zweieinhalb Kilometer würden wir uns ersparen. Am Ende siegt jedoch unsere Vernunft und wir entscheiden uns gegen die kürzere Strecke.

Später sehen wir in der Ferne einen Pfad auf dem Bergrücken und diskutieren: warum ist dieser so gefährlich? Man kann erkennen, dass der Weg dort oben eingeschneit ist. Wahrscheinlich war es eine gute Entscheidung und vermutlich ist diese *Hospitales*-Route bei Schnee schlecht begehbar.

In *Pola de Allande* decken wir uns in einem Supermarkt mit Lebensmitteln ein. Die Franzosen mit Baguette und Keksen, ich mit einer Dose Bier und *Turron* – einer sehr leckeren spanischen Spezialität aus Zucker und Mandeln. Eine Sandsteinmauer am Rand eines Parks bietet den geeigneten Platz zum Picknicken, wir setzen uns einen Moment darauf und diskutieren über den heutigen Weg.

Die Franzosen haben einen engen Zeitplan, daher bleiben wir nicht in *Pola*, wie vom *Hospitalero* empfohlen. Sie hatten entschieden, heute zwei Etappen an einem Tag zu nehmen. Denn laut Plan folgen zwei kürzere Abschnitte des Weges von jeweils zwanzig Kilometer Länge aufeinander. Theo schaut sich nach einem Busfahrplan um, denn er hat Probleme mit dem Knie und zieht es vor, für den zweiten Abschnitt nach *Berducedo* den Bus zu nehmen. Nach sehr kurzer Pause fordert Jojo mich auf, sogleich aufzubrechen. Es ist schon Mittagszeit, diese Etappe wäre noch lang und wir sollten uns sputen, um nicht zu sehr in die Dunkelheit zu kommen. Ich will jedoch eine Weile entspannen, die schöne Landschaft genießen und die Dose Bier in Ruhe leertrinken, um für die folgende Wanderung besser gewappnet zu sein. Außerdem ist der sportliche Franzose sowieso zu schnell für mich, um ihm folgen zu können. Nicht abermals hetzen. Unterwegs will ich auch in Ruhe Fotos aufnehmen können. »Ich komme nach«, sage ich ihm, als er schon vorauseilt.

Am Ortsende biegt der *Camino* von der Landstraße ab, eine kleine Idylle eröffnet sich vor mir und auf dem Weg liegen Unmengen von Kastanien. Hier interessiert sich scheinbar niemand für die leckeren Energiespender aus der Natur. Ich werde wählerisch und suche nur die größten Früchte aus. Es sind Riesenkastanien! In Dimensionen, die ich daheim noch nie gefunden habe, die sogar die Größe der importierten Maronen übertreffen, die man in türkischen Geschäften findet. Bald habe ich eine größere Menge gesammelt. Das gibt ein stattliches Abendessen!

Mir kommt eine Geschäftsidee in den Sinn: ich könnte mich in diesem Ort niederlassen, jeden Herbst diese gigantischen Kastanien sammeln, sie containerweise nach Deutschland exportieren und damit eine Menge Geld verdienen, denke ich – als ich abrupt stoppe. Was ist dies vor mir? Ein Wildbach. Quer über den Weg. Von rechts ergießt sich ein Wasserfall über den Pfad, ein beeindruckender Strom klaren Wassers rauscht vorbei und ergießt sich danach in den Wald. Jetzt wird mir die Bedeutung von ›Primitivo‹ klar: Hier fehlt eine Brücke!

Einen Moment sondiere ich die Lage und denke über Möglichkeiten nach, hinüberzukommen. Ein paar wackelige Steine befinden sich im Wasser und werden überspült. Darüber zu spazieren, fällt also aus. Vielleicht rechts hochklettern und am Wasserfall über die Felsen balancieren. Das würde gehen. Gesagt getan, an Gräsern ziehe ich mich hoch, balanciere das Gleichgewicht aus, mache einen weiten Schritt auf einen Fels, der in der Mitte aus dem Wasser ragt. Fast bis ich schon drüben, jetzt der nächste Schritt zum Stein auf der anderen Seite. Dieser wackelt und dreht sich, wie ich ebenso, er gibt nach, ich rutsche ab, stehe knietief im Wildbach und meine Schuhe saugen sich mit dem Nass voll. Ich fluche. Das war wohl nichts. Hinsetzen kann man sich hier nicht. Die Schuhe auszuziehen, das Wasser auszugießen und sie wieder anzuziehen nimmt einige Zeit in Anspruch, bevor ich den Weg fortsetzen kann.

Zwischen Gehöften geht es hindurch und eine Idylle würde folgen, wenn der aufwärts führende Schotterpfad nicht rauschendes Wasser herabspülen würde. So laufe ich eben in dem Fluss weiter, denn nasser werden kann ich nicht, einen Unterschied macht dies sowieso nicht. Denke ich zuerst. Ein Irrtum – zuerst hatte ich mich mit dem lauwarmen Nass in den Schuhen halbwegs wohlgefühlt, nun spült eiskaltes Wasser das gerade angewärmte wieder heraus. Daher wechsle ich auf dem Flusspfad von Seite zu Seite - je nachdem, wo der Bach am flachsten ist -, klettere einen zunehmend steilen Hang hinauf, bis ich eine Holzbrücke überquert und den überfluteten Abschnitt überwunden habe. Nun rauscht der Fluss links des Weges vorbei. Während der Pfad sich weiter aufwärts zieht, säumen zuerst einzelne Reste von Weiß den Weg, bald bedeckt eine dünne Schneeschicht den Weg, der nach einiger Zeit in eine Landstraße mündet.

Nachdem ich eine Weile den Asphalt entlang geschlendert bin, mit schneebedeckten Bergen rechts und der Aussicht auf das Tal links, suche ich nach Wegweisern des *Camino*. »Moment. War nicht soeben dort ein Zeichen, das ich übersehen habe?« - sage ich zu mir und gehe wieder ein Stück zurück. Tatsächlich. Abseits der asphaltierten Straße steht ein mit der Jakobsmuschel verzierter Quader, der jedoch zur Hälfte im Schnee versunken ist. Wohin weist er? Nicht weiter geradeaus die Landstraße entlang, sondern nach rechts, wo sich kein Weg befindet …? Ich gehe zu dem Stein, sehe mich um und bemerke einen Bach, der aus dem Schnee hervor sickert. Vielleicht habe ich eine bessere Übersicht, wenn ich hier durch den Schnee den Hang ein wenig aufwärts stapfe. Ein paar Meter höher blicke ich mich erneut um und sehe frische Fußspuren, die den Berg hinaufführen. Spuren eines einsamen Wanderers, die sich in die Höhe ziehen und in der Ferne verblassen, wo eine Baumgruppe durch den leichten Nebel schimmert. Demnach könnte dies tatsächlich ein Weg sein. Hoffentlich führt er nicht allzu weit durch dieses unwegsame Gelände und endet hinter diesen Bäumen, sonst kehre ich um … Die Aussicht ist grandios und wird zunehmend beeindruckender, je höher ich komme. So steige ich weiter empor und nehme einige Fotos auf, bis ich die Baumgruppe erreicht habe. Die Fußstapfen führen unentwegt voran und zwischen den Bäumen hindurch, bis sie erneut in der zunehmend nebligen Ferne verschwinden. Das kann doch nicht sein. Eigentlich wollte ich, wenn der Weg durch diese Wildnis weiterführt, umkehren. Was mache ich jetzt? Ich habe schon viele Kilometer zurückgelegt. Da es nur diese Spur aufwärts gibt und keine in umgekehrter Richtung, wird dieser Pfad wohl irgendwo enden, sonst wäre der Wanderer sicher wieder zurückgekehrt. Wahrscheinlich sind es die Spuren des französischen Pilgers: Jojos Fußspuren. Wer sollte hier sonst unterwegs sein?

Zwischen einer Gruppe von Tannen hindurch führen die Spuren beharrlich weiter durch den mittlerweile knietiefen Schnee. Es wird zunehmend anstrengend, einen Fuß vor den anderen zu setzen, Meter für Meter zu überwinden. Nach dem Waldstück erwarten mich Nebelschwaden. Nirgendwo sind zwischen dem unendlichen Weiß Wegweiser zu sehen. Genaugenommen schon, seit ich von der Straße abgebogen bin. Möglich ist, dass sie vom Schnee verdeckt sind … aber dies kann doch niemals der *Camino* sein! Irgendetwas habe ich wohl falsch gemacht? Die Erkenntnis trifft mich wie ein Faustschlag: dies war der Weg, vor dem uns die zwei Hospitaleros so eindringlich gewarnt hatten! »Auf keinen Fall rechts abbiegen« - die Warnung hatten wir auch befolgt. Jedoch an der falschen Stelle. Auweia, fataler Irrtum.

»Mon Dieu!«, fluche ich auf Französisch. Was jetzt? Nicht nachdenken. Weiter. Und Musik hören.

Ich sitze entspannt bei einem Wellness-Abend in einem warmen Whirlpool und genieße die warmen Dampfschwaden … im Moment nicht, aber ich muss mich irgendwie von meiner Situation ablenken. Ich motiviere mich mit Sommer-Partymusik über Kopfhörer, stapfe wie mechanisch durch den Tiefschnee und folge den sich endlos hinziehenden Fußabdrücken, die in der Höhe, noch viel weiter oben, im Nebel verschwinden.

Es ist etwas Schönes, wenn man über sich selbst lachen kann. Über meine Idee, diesen Weg im Winter zu gehen, ohne ein geeignetes Winteroutfit mitzunehmen, nichts, um die Hände warmzuhalten. Mit Schuhen, die völlig untauglich sind und unaufhaltsam meine Füße zerstören. Das Lachen ist mir mittlerweile vergangen. Was habe ich in dieser Wildnis zu suchen, diesem weißen Grab, und völlig überrascht von diesen lebensfeindlichen Bedingungen – was ist der Sinn darin? Es sollte kein Selbstfindungstrip werden, keine Variante des Dschungelcamps als ein-Mann-Show im Schnee, allerhöchstens ein Abenteuer. Ein völlig sinnloses ist es geworden. Diese Idee war völliger Leichtsinn. Morgen nehme ich den Bus, ich will wieder heim. Zuhause in meiner beheizten Wohnung sitzen, vielleicht ein spannendes Buch lesen – das hier ist nichts für mich, sollen doch andere so etwas Abenteuerliches unternehmen. Solche Extrem-Outdoor-Freaks, die den ultimativen Nervenkitzel suchen und Spaß daran haben, sich zu quälen, das muss ich nicht ebenso tun. Nur einen Wunsch habe ich: Weg hier! Raus aus dieser Hölle!

Wenn ich hier verunglücken sollte, oder meine die Füße mich nicht mehr weitertragen können, was dann? In heutigen Zeiten könnte man einen Notruf mit dem Mobiltelefon absetzen und auf baldige Hilfe hoffen. Hier jedoch nicht, lange Zeit gibt es kein Netzsignal mehr, schon seit Verlassen der Stadt *Pola de Allande* heute Mittag.

Spannend wäre es, ein Iglu im Schnee zu errichten und die Nacht hier zu verbringen. Im Notfall einige Tage auszuharren, bis ich von Wanderern entdeckt werde. Oder hier bleiben, bis es Frühling wird und meine Überreste geborgen werden. Ein Bauer wird diese vielleicht als Erster entdecken, im nächstgelegenen Dorf wird man den Fund als die Reste eines Menschen aus der Steinzeit - vielleicht eines Neandertalers - als große Sensation feiern, jedoch bei der genaueren Untersuchung feststellen, dass der mumifizierte Körper ein Handy bei sich hatte und Kleidung aus Kunststoff trägt, es sich somit nur um einen leichtsinnigen Pilger handelt, der auf dem Jakobsweg unterwegs war und vom Wintereinbruch überrascht wurde. Oder um einen lebensmüden Survival-Grenzgänger, der im vergangenen Jahr sein Ende gefunden hatte, einer der namenlosen Irren auf einem esoterischen Trip, der auf Suche nach sich selbst war, wahrscheinlich Drogen nahm und dessen verwesender Körper nun in den Verwertungskreislauf der Natur zurückgekehrt ist.

Ich muss zugeben, die Kälte hat auch eine gute Seite: ich spüre die Schmerzen an den Füßen mittlerweile nicht mehr. Die Kopfhörer ziehe ich aus den Ohren und beginne in die Umgebung zu lauschen. Sind in der Ferne irgendwo Geräusche von Zivilisation zu hören? Autos? Nein, nichts. Kein Laut. Nicht mal Tiere. Totenstille. Jetzt offenbaren dichte Nebelschwaden nur noch eine Sicht von wenigen Fußstapfen voraus. Wolken umgeben mich, die jedes Geräusch schlucken. Nur noch mein eigener Herzschlag ist zu hören. Die Bäume haben sich in graue Schatten verwandelt und schaukeln im leichten Wind. Wie riesenhafte Wesen, die träge, bedrohlich wirken.

Vor mir, etwas höher, blitzt im Nebel etwas auf, das fremdartig wirkt und nicht in die Landschaft passt. Metallischer Glanz. Eine Leitplanke, nur wenige Meter entfernt! Und die Spuren führen geradewegs darauf zu. Abrupt werde ich aus meinen düsteren Gedanken gerissen: ich habe einen Notausgang gefunden! Nur muss ich irgendwie dort hinaufgelangen. Handschuhe auf die Tour mitzunehmen, das wäre tatsächlich sinnvoll gewesen. Die Jackenärmel über die Hände gezogen, auf allen Vieren, mit äußerster Anstrengung, um in dem Tiefschnee nicht zu versinken, krabbele ich vorwärts, denn ein Schneepflug hat das Weiß hier unterhalb der Straße mehr als zwei Meter aufgetürmt, dennoch gelingt es mir, mich durchzuwühlen. Ich stehe auf einer geräumten Straße, die beiderseits gesäumt ist von weißen Wänden. Ein Schild ragt aus dem Schnee: »Puerto del Palo 1146 m«. Wunderbar, es ist wohl der höchste Punkt, von jetzt an geht es abwärts. Und wenn nicht, auch egal. Hauptsache, ich bin der Wildnis entkommen. Meine Gedanken sind fast leer, ich denke nur: weiter, nicht erfrieren. Es geht tatsächlich nur noch abwärts über weite Serpentinen.

Nach links zweigt bald ein Weg ab, hinein in den Tiefschnee. Ein einzelner Jakobsweg-Pfeiler ragt heraus. Der dort steht, als wäre es mein eigener Grabstein und der Weg führt sehr steil bergab. Nein, nicht zurück in den Tiefschnee. Genug! Zwar war ich auf Abenteuer aus, etwas Spannendes, etwas Neues zu erleben. Mein Bedarf ist gedeckt, eher übererfüllt. Lebensmüde bin ich auch nicht, außerdem sind hier nicht mehr Jojos Fußstapfen zu sehen, an denen ich mich orientieren könnte. Ich ignoriere den abwegigen *Camino* und wandere weiter auf der vom Schneepflug geräumten asphaltierten Landstraße.

In meinen Kindertagen, bei einer Wanderung mit Erwachsenen, hätte ich wohl häufig gefragt:»›Wie weit ist es denn noch?‹« Jetzt bin ich alleine unterwegs und kann niemanden fragen. Es ist keiner in der Nähe, bei dem ich mich beschweren könnte. Außer bei mir selbst. Und die Technik hat sich weiterentwickelt, so kann ich per GPS auf meinem Smartphone direkt berechnen, wie weit der Rest der Etappe noch ist: 7 Kilometer Luftlinie. Schon ¾ des Weges habe ich also hinter mir, sage ich zu mir selbst, um mich zu besänftigen. Nach gefühlten 5 Kilometern abwärts und drei Serpentinenkurven sind es immer noch 7 Kilometer Luftlinie. Dafür geht es laut Karte von nun an konstant in die richtige Richtung, nur noch geradeaus. Nachdem ich die verschneite und gänzlich verlassenen wirkende Siedlung *Montefurado* passiert habe, eröffnet sich eine wunderbare Aussicht auf die umliegende Landschaft: verschneite Berge mit etwas Grün dazwischen. Wie riesige Halden aus *Roquefort*-Käse. Das erinnert an einen Skiurlaub, als ein Franzose bei der Aussicht auf eine ähnliche Berglandschaft rief: »Putain!« und ein Begleiter aus Bayern entgegnet hatte: »bei uns würde man sagen: Leiwand.« So hätten sie sich wohl auch bei diesem Anblick geäußert. Der bald nicht mehr so beeindruckend ist, denn es wird langsam dunkel, während ich weiter auf der Asphaltstraße wandere. Seitlich zieht parallel der *Camino* weiter voran, an Wegweisern mit dem Muschelsymbol erkennbar, die sich aus dem Tiefschnee erheben. Die Nacht bricht an.

Ich fühle meine Füße fast nicht mehr und überlege einen Moment, ob ich kontrollieren sollte, was das miserable Schuhwerk angerichtet hat.

Nein! Ich ziehe die Schuhe jetzt nicht aus. Den Schockmoment hebe ich mir auf für später, wenn ich die Herberge erreicht habe.

Bald ist es stockdunkel, es geht schnurgerade weiter und ich bewege mich monoton vorwärts, nur einmal muss ich ausweichen und die Straßenseite wechseln, mich in sicherem Abstand an einem Bagger vorbeischleichen, der gefällte Baumstämme auf einen Transporter hievt. Der mich als einsamen nächtlichen Pilger leicht übersehen und im Rückwärtsgang mit seinen Reifen zermalmen könnte. Ab und zu fahren Autos vorbei und hupen, nachdem sie mich passiert haben, da sie mich an der Seite der Straße in der Dunkelheit erst im letzten Moment erkennen können. Ich kann ihren Ärger verstehen und murmele Entschuldigungen, aber kann nichts ändern – ich bin Pilger, der hier entlang muss. Zwar liegt auf der rechten Seite immer noch parallel der *Camino*. Von Zeit zu Zeit ragen Quader mit Muschelsymbolen empor, jedoch ist der Pfad von einem halben Meter Schnee bedeckt. Abseits der Landstraße durch die weiße Pracht zu stapfen, darauf habe ich nicht die geringste Lust, ich kann es auch nicht mehr. Eine kleine, billige LED-Taschenlampe habe ich mitgenommen, die jedoch nur von Nutzen ist, um die Wegweiser zu lesen. Aber meinen Weg zu beleuchten, diesen Zweck erfüllt sie nicht, denn das Licht der Lampe blendet und streut, wodurch vom Weg noch weniger zu erkennen ist, als wenn ich mich mit meinen mittlerweile an die Dunkelheit gewöhnten Augen anhand von Schatten orientiere. Der Asphalt ist in dieser mondlosen Nacht etwas dunkler als der Schnee. Ist es Neumond, oder hat sich der Mond hinter den Wolken versteckt?

Vor mir durchbricht Helligkeit die Schwärze der Nacht, ein Schild abseits der Straße kommt träge auf mich zu. Ich leuchte es an und lese: *Berducedo*. Endlich! Laut Plan befindet sich hier die Pilgerherberge. Eine einsame Spanierin stapft unruhig über die schneebedeckte Dorfstraße, als ich die ersten Häuser der Ortschaft erreiche. Ich frage sie nach der Unterkunft. Sie entgegnet: sie wüsste, wo diese wäre und fordert mich auf, ihr zu folgen. Neugierig frage ich: »Eres hospitalero?« - ob sie die Herbergsverwalterin wäre. Sie nickt.

Wir halten vor einem Haus, dessen Außenmauer einen langen Riss aufweist, der sich vom Boden bis zum schneebedeckten Dach zieht. An dem Gebäude ist ein Schild angebracht, das darauf hinweist, dass diese

Herberge für eine umfangreiche Restaurierung vorgesehen ist. Es scheint auf den ersten Blick auch nötig, dafür ist die Unterkunft ungewöhnlich billig. Nur 3 Euro kostet eine Übernachtung. Bei der Anmeldung treffe ich gleich die Franzosen, die gerade Suppe gekocht haben. Ich bediene mich und biete im Tausch *Turron* an. Da hier zum Rösten leider die Möglichkeiten fehlen, breite ich die gesammelten Kastanien auf einem Stück Zeitungspapier zum Trocknen aus und frage stolz: »Habt ihr solche riesigen ›Marrones‹ schon mal gesehen?«

Meine Augen leuchten, als ich meine Kleidung und den Herbergsschlafsack aus der Tüte im Rucksack hervorziehe. Meine Idee am Morgen hat sich bewährt: Alles darin ist trocken geblieben.

Als ich mein Schuhwerk vorsichtig und unter Schmerzen von meinen Füßen ziehe, bin ich weniger glücklich. Die Fersen sind stark aufgescheuert, viele weitere Stellen wund gerieben. So kann ich diese Wanderung unmöglich fortsetzen. Irgendwie muss ich die Treter so präparieren, dass das Leder nicht bei jedem Schritt an den wunden Stellen schabt. Als ich meine Utensilien nach Gegenständen durchsuche, mit denen ich sie dehnen könnte, scheinen mir nur meine zwei Wasserflaschen tauglich. Ich drücke in jeden Schuh eine Flasche so tief wie möglich hinein, in der Hoffnung, dass die Stiefel sich bis zum nächsten Morgen geweitet haben und stelle sie in eine Ecke.

Auf ihren Stockbetten liegend geben meine zwei Mitpilger einige Schwänke aus ihrem Bergleben zum Besten: dass sie sich morgens auf dem Weg zur Arbeit immer beeilen müssen, um dem Almauftrieb zuvorkommen, denn an den Engstellen hätten Rinder Vorfahrt und das Warten würde sich oft eine halbe Stunde hinziehen. Die Plauderei ist unterhaltsam, aber nach der anstrengenden Etappe finde ich noch keine Ruhe. Nun bin ich fast schon eine Woche hier in Spanien unterwegs, in dem Land von *Fiesta* und *Cerveza*, *Chicas* und *Tapas*, *Pulpo* und *Vino*, und nicht einmal war ich abends aus. Es hatte sich bisher auch keine Gelegenheit ergeben, sich unter das Volk zu mischen und mit den Spaniern zu feiern. Seit *Oviedo* gab es nur Dörfer, in denen nach 22 Uhr kein Licht in den Fenstern brennt, da die Bauern sich sehr früh am Morgen in ihren Stall begeben müssen, um die Kühe zu melken. Auf den letzten Metern durch *Berducedo* hatte ich bemerkt, dass es hier in zumindest eine Bar gibt.

Meine zwei Mitpilger brauche ich nicht lange zu überreden. Die vier Wände im Raum kennen sie inzwischen genauso auswendig wie die Risse, die sich auf beiden gegenüberliegenden Wänden vom Boden bis zur Decke ziehen. Ich schlüpfe in leichte Turnschuhe, die ich als Ersatz mitgenommen habe und wir begeben uns auf einige Drinks in die Dorfbar. Die einzige Gesellschaft sind der Barkeeper und wir drei, die aber nicht sehr gesprächig sind. Zudem ist die Lautstärke der Passiv-Unterhaltung sehr hoch. Wir nippen an unserem Bier und knacken Erdnüsse, die der Wirt uns gratis anbietet. Auf einem Flachbildschirm hinter dem Tresen läuft eine Sitcom in Spanisch – Theo, der von uns Dreien über die besten Spanisch-Kenntnisse verfügt, lacht sich regelmäßig scheckig.

»Ich verstehe kein Wort«, gebe ich zu.

»Das geht mir genauso, mir sind die Dialoge zu schnell«, sagt er, »aber ich finde unheimlich witzig, wie lebendig sie gestikulieren und kann die Handlung verfolgen, obwohl ich kaum ein Wort verstehe.«

Die Szenen einer Familie mit zwei braven Kindern, einem Couch-Potato als Vater und seiner aufreizenden Schwägerin, die sich in einer pubertären Spätphase zu befinden scheint, hat etwas Unterhaltsames. Jedoch kann ich Sitcoms einerseits wenig abgewinnen, andererseits empfinde ich die ständig präsenten Flimmerkästen in den Bars auf dem *Camino* eher als Störung. Nach einem nicht wirklich abwechslungsreichen Abend stapfen wir zurück zur Herberge, zur Eingangstür unter einer Schneehaube hindurch, die sich bedrohlich auf dem Dach angestaut hat und wir nehmen unsere drei Betten im gähnend leeren Schlafsaal ein.

Märtyrer

Theo, der französische Pilger, wandert anfangs mit, merkt jedoch bald: seine Füße haben sich nicht erholt. Er studiert die Fahrpläne der öffentlichen Verkehrsmittel und findet heraus, dass er einen halben Tag warten muss. Ich hatte mich am Vortag für das Ende dieser Tour entschieden, die Wanderung endgültig abzubrechen, das definitive ›Aus und Vorbei‹. Eigentlich. Es ist frostig kalt und am wenigsten habe ich Lust darauf, vier Stunden in der Kälte zu stehen und auf den Bus zu warten.

So schlecht fühle ich mich an diesem Morgen auch nicht. Der Frust des Vortages ist verflogen, abends das erste Mal unterwegs gewesen und ich fühle mich fit, es schneit nicht mehr und der Regnen hat aufgehört. Eine weitere Etappe, nachdem sich der Sturm ausgeheult hat und die alpine Landschaft zunehmend attraktiver wird, kann ich nochmal wagen. So bin ich wenig später mit Jojo in der weiß bedeckten Landschaft unterwegs.

Der Anstieg ist kurz, es geht danach bergab über Felder, vorbei an Rindern durch nassen Schnee, in dem sich warmer Dung langsam zum Grund durchschmilzt und dampfende Schwaden verbreitet. Es folgt ein Kiefernhain, der Hang wird steiler, ein Serpentinenweg führt abwärts. Wir passieren wohl eine Baumgrenze, denn nun führt der Abstieg durch einen Wald von uralten Kastanienbäumen. Wir stoppen kurz, klettern auf einen Felsvorsprung und sehen nach ganz unten, wo ein klarer blauer Stausee aufleuchtet.

Unser Blick richtet sich in die Ferne zur gegenüberliegenden Seite des Tals: dort schraubt sich eine Straße über Serpentinen aufwärts bis auf die Höhe, in der wir uns befinden.

Das Ziel liegt in Luftlinie, allem Anschein nach nicht weit entfernt, fast können wir es schon sehen. Jedoch liegt dieser Stausee dazwischen. Der Abstieg führt fast bis zum Meeresspiegel hinab, danach wieder in die Höhe. Auch heute bleibt es uns nicht erspart, eine tägliche Dosis von 1000 Höhenmetern zu überwinden. *Ach, könnte man doch fliegen …* in dem Moment erinnere ich mich an meine weit zurückliegenden Flugversuche. »Mit einem Gleitschirm könnte man dieses Tal schnell überwinden«, sage ich nachdenklich gegen den Wind, worauf Jojo mit strahlenden Augen erzählt, er besäße einen, leider hätte er ihn gerade nicht dabei.

Mein Gleitschirmkurs hatte damals fatal geendet, da ein Freund aus alten Schultagen, mit dem ich den Kurs besucht hatte, so unglücklich landete, dass er sich einen doppelten Schienbeinbruch zuzog. Einen Tag hatte ich noch weitergemacht, danach wollte ich auch nicht mehr. Einerseits war es ein erhebendes Gefühl, wie ein Vogel hoch oben in der Luft zu schweben, zwischen den Füßen durchzuschauen und zu beobachten, wie Sträucher unter einem vorbeifliegen, Bäume und Felder, eine Bahnlinie. Zum Schluss eine langsame Kurve zu ziehen und sich auf die Landung vorzubereiten: *Vorsicht, der Bretterzaun - komme ich noch drüber oder lande ich davor?* Ich war zu schnell, zog am Seil – noch darüber, bitte, nur ein paar Zentimeter höher, ich hatte mich jedoch um einen Meter verschätzt, streckte Arme und Füße voraus, sah den Zaun auf mich zukommen und Autsch! Zum Glück war nicht viel passiert, bis auf einige Schrammen und einen umgeknickten Daumennagel mit Bluterguss. Zum Spaß einmal so einen Kurs zu besuchen ist schon spannend, auf Dauer jedoch nicht das Wahre. Man schwebt dort oben alleine und teilt seine Eindrücke nicht, wohingegen man beim Pilgern viele Leute kennenlernt, mit denen man diese außergewöhnliche Landschaft und die Kreativität der Schöpfung bei einer gemütlichen Wanderung bewundern kann, wo man gemeinsam in der Wildnis ist, gemeinsam in der freien Natur. Auf dem Jakobsweg kann man die Hektik des Alltags hinter sich lassen und lernt, alles um sich herum zu vergessen, findet zur Ruhe und kann das Leben einfach genieß …

»Wir müssen weiter!«, reißt mich Jojo abrupt aus meinen Gedanken und drängt zum Aufbruch, »du hast ja gesehen, wie weit der Weg noch ist!«

»Ich komme nach«, entgegne ich genervt, »wir werden uns in der Herberge sowieso wiedersehen!«.

Gemütlich sammle ich Kastanien und wandere den Serpentinenpfad hinab, den mein Begleiter soeben schon vorausgeeilt war, nehme Fotos auf und entdecke zwischen den Felsen einen Turm: sind es die Reste irgendeiner mittelalterlichen Festung oder ist dieses Ding natürlichen Ursprungs? Sind es Ruinen eines antiken Heiligtums oder die einer

Raubritterburg? Eine nähere Besichtigung würde eine Stunde oder mehr in Anspruch nehmen und ich gehe daher weiter. Dieser Wald aus Kastanienbäumen hat etwas Uriges: die Bäume haben ausnahmslos ihr Laub bis aufs letzte Blatt abgeworfen, sind merkwürdig verwachsen, teils ausgehöhlt und von Moos überzogen. Sie wirken uralt, der Wald scheint jeden Laut zu absorbieren. Selbst meine Schritte auf dem Laub höre ich nicht mehr. Eine merkwürdige Stimmung - wie kann ich die Szene passend beschreiben? Ein geheimnisvoller Ort, der sich in einer Art Todesstarre befindet, an dem sich womöglich Geister in Bäume verwandelt haben, die nur darauf warten, dass sich ein einsamer Wanderer hinein verirrt. In jedem Moment könnte einer der Bäume zum Leben erwachen, seinen Ast senken, den Weg blockieren, aus feindseligen Astlöchern auf mich herabblicken und sagen: »Stopp!«

Moment! Hat sich nicht dort gerade ein Ast bewegt? Ich lasse das Sammeln der Kastanien sein, gehe in gleichmäßigem Tempo vorwärts und achte darauf, dass ich weder die nach mir zu greifen scheinenden Äste berühre, noch ins Straucheln gerate. Aus den Augenwinkeln verfolge ich jede Bewegung und fühle mich beobachtet. *Hat einer der Bäume gerade seine Position geändert? Sieht dieser nicht seltsam lebendig aus? Warum beugen sich die Äste über den Weg und warum ist es so totenstill?* Langsam lichtet sich dieser Kastanienwald. Nachdem ich den ersten Schritt auf die Landstraße gesetzt habe und Asphalt unter meinem Fuß fühle, atme ich tief durch. *Bin ich gerade paranoid geworden?* Der Wald und seine Stille waren auf jeden Fall unheimlich.

Die Straße schneidet durch einen Felsen, rechts wird ein kleiner Torbogen sichtbar. Neugierig gehe ich hindurch und betrete eine Aussichtsplattform. Die gewaltigen Mauern eines Staudamms sind von dort zu sehen, mehrere geschwungene Rutschen, die in die Tiefe führen und in ein großes Wasserbecken münden. An der Felswand gegenüber sind zwischen den Felsen viele kleine Bungalows zu sehen, vom Berghang bis ganz nach unten zum Fuß des Dammes, die wirken, als wären sie an die Wand geklebt, grün bepflanzte Terrassen befinden sich dazwischen. *Sahen so vielleicht die Hängenden Gärten von Babylon aus?*

Auf der Plattform steht eine Bank – die Gelegenheit, meine Füße von diesen entsetzlichen Stiefeln zu befreien. Durch den Wechsel zwischen durchtränkt mit Wasser und knochentrocken sowie der Wirkung von

Streusalz hat sich das Leder mittlerweile ausgehärtet. Es ist hart wie Holz geworden, wie bei Skischuhen, die sich zuletzt bei jedem Schritt an der Ferse auf und ab geschabt haben, was unerträglich geworden ist. Fast schaffe ich es nicht, sie von den Füßen zu ziehen, so steif sind die Stiefel geworden. Um die Schmerzen auf ein Minimum zu reduzieren, ziehe ich sie langsam und vorsichtig über die wunden Stellen, beiße die Zähne zusammen, schließe die Augen, unterdrücke Tränen … und ich bin den ersten Quälgeist los. Einen Moment entspanne ich mich, halte den Atem an und wiederhole die Prozedur mit dem anderen Stiefel. Endlich! Ich bin befreit, stelle sie vor mich und betrachte diese zwei entsetzlichen Dinger. Nein, das will ich mir nicht nochmal antun, nicht noch einmal bis zum Ende dieser Tour. Ich habe endgültig die Hoffnung verloren, dass sich diese Schuhe noch einlaufen werden.

Was für ein Glück, dass ich noch diese Turnschuhe für 12 Euro vom Discounter als Ersatz dabeihabe, die den gesamten *Camino Francés* von *St-Jean-Pied-de-Port* bis nach *Santiago,* weiter bis zum Altlantischen Ozean und an das Ende der Welt bei *Finisterre* durchgehalten haben. Diese 800 Kilometer und einige mehr, da ich sie davor schon 3 Jahre getragen hatte. Der ultimative Härtetest für Schuhe. Eigentlich hatte ich vor, sie als Reliquie einer Kirche anzubieten, bei Ebay zu versteigern. Oder, wenn keiner Bedarf an heiligen Pilgerschuhen hat, sie zu entsorgen. Ihrer ruhmvollen Vergangenheit entsprechend sehen sie aus. Völlig abgewetzte Treter für den Notfall und der ist jetzt eingetreten.

Es tut gut, federleichte Schuhe zu tragen, deren weicher Stoff sich wie Daunen um meine Fußgelenke schmiegt. Leichtfüßig verlasse ich die Plattform und wandere an einem Schild vorbei: ›Embalse de Salime‹ nennt sich dieses Bauwerk. Für das erste Wort brauche ich kein Wörterbuch, es kann nur »Staudamm« heißen.

Als ich über das Bauwerk wandere, fallen mir eine Art Balkons auf. Von dort kann ich hinunterschauen, Fotos aufnehmen und ich gehe ganz nach vorne zur Brüstung. Der Blick nach unten ist faszinierend: es geht tief hinunter - 100 Meter, vielleicht mehr - und es gibt vier Rutschen, die zu Beginn nahezu senkrecht sind, danach flacher werden und in einer elegant geschwungenen Form hinab in das große Wasserbecken führen. Der Tiefblick hat etwas Magisches an sich und scheint mich aufzufordern: »Tue es!«. *Soll ich diese Riesenrutsche mal testen und den Staudamm hinunterrutschen? - aber, wo lasse ich meinen Rucksack in der Zeit, bis ich zurück nach oben geklettert bin?* Mir kommen Bedenken. Hier oben will ich meine Sachen nicht unbewacht zurücklassen – *was, wenn jemand währenddessen meinen Rucksack klaut, der schon bei der Anreise fast verlorengegangen ist? Und vielleicht ist es nicht ungefährlich, diesen Beton hinabrutschen, der möglicherweise wie Sandpapier wirken könnte. Würde, wenn ich dort unten ankomme, noch viel von mir übrigbleiben?*

Wenn ich ein Schlauchboot als Untersatz dabei hätte, um meine Haut nicht abzuschmirgeln, oder wenn jemand dabei gewesen wäre, um mein Gepäck solange im Auge zu behalten, hätte ich das Kunststück vielleicht gewagt. Aber so? Nein! Außerdem sieht es gar nicht so ungefährlich aus. Nur weil ich den Vortag überlebt habe, muss ich nicht mutwillig das Schicksal erneut herausfordern und auf Teufel komm raus diesen Staudamm hinunterrutschen. Im nächsten Moment greife ich nach den Stiefeln, die mir den ganzen Weg so zugesetzt haben, um sie hier hinunter zu pfeffern: »Auf Nimmerwiedersehen, ihr Quälgeister!«. Aber ich halte inne, schließlich habe ich 50 Euro dafür ausgegeben. Und es wäre Umweltverschmutzung. Und ich hätte für den Notfall keinen Ersatz, denn meine Turnschuhe werden bald auseinanderfallen. Also binde ich sie widerwillig an meinen Rucksack.

Ich habe lange getrödelt, mich in Phantasien hineingesteigert, wird mir bewusst und ich setze mich wieder in Bewegung. Das ist der *Camino*: viel Zeit hat man, um in höchste Gefilde der Philosophie vorzudringen, muss sich jedoch irgendwann wieder in die Realität zurückrufen und sagen: »Es reicht, weiter jetzt!« Träumen hilft nichts, der Weg vor mir bleibt, was er ist: ein Anstieg, für den ich im Moment keine Motivation verspüre. Jedoch ist der Versuch, diese Hürde hinwegzuträumen, nur ein Vorherschieben des Problems.

Die Landstraße schraubt sich über steile Serpentinen an Häuserruinen vorbei, stetig aufwärts, links hinter der Leitplanke gähnt der Abgrund, rechts reckt sich die steile Felswand in die Höhe. Es gibt keinen Fußweg. Zum Glück sind nur gelegentlich Autos unterwegs, so hält sich das Risiko in Grenzen. Die Straßenseite wechsele ich regelmäßig, um in den engen Kurven von den Kraftfahrern möglichst früh gesehen zu werden. Dennoch gehe ich bei nahenden Motorengeräuschen auf der gegenüberliegenden Seite in Deckung. Sicher ist sicher, denn die Fahrer sehen mich in den engen Kurven erst kurz vorher.

Die Etappe zieht sich hin, der Weg scheint kein Ende zu nehmen. Es geht stetig höher, hunderte beim Abstieg verlorene Höhenmeter gewinne ich allmählich zurück, während der Staudamm und der See unter mir zunehmend schrumpfen. Diese Variante des Jakobswegs ist eine Tortour und bringt mich an die physischen Grenzen. Bis auf wenige Ausnahmen geht es ausschließlich aufwärts oder abwärts. Ich frage mich, wie viele der frühen Pilger, die im 9. Jahrhundert hier unterwegs waren, damals ihr Leben gelassen haben. Reisende, deren frühmittelalterliche Ausrüstung die Qualität meiner eigenen Ausstattung sicherlich noch unterboten hat.

In einem sozialen Netzwerk hatte ich am Vortag ein paar Fotos der Wanderung im Tiefschnee hochgeladen. Ein Spanier, den ich letzen Sommer kennengelernt hatte, sendet mir eine Frage zu: wie denn der *Camino Primitivo* sei, im Vergleich zum *Camino Francés*?

Was wäre die passende Antwort, lasse ich mir durch den Kopf gehen und schleppe mich weiter die Serpentinen hinauf. Ich komme mir momentan nicht vor wie ein Pilger und bin bei jeder Etappe froh, wenn ich sie überstanden habe. Meine letzten Kräfte hat der Weg gefordert, wie hat er mich gequält. Das trifft den Punkt, so fühle ich mich jetzt: als Märtyrer. Ich antworte: Der *Camino Francés* war wie der Himmel, der *Camino Primitivo* ist die Hölle.

In der Höhe bietet ein kleiner Rastplatz die erste Möglichkeit für einen Verschnaufpause und einen Panoramablick. Beides gönne ich mir, dazu eine kleine Mahlzeit: diese Kastanien schmecken roh fast genauso lecker. Nur sollte man sie nicht im Gehen verzehren, man verschluckt sich sofort und gerät in Atemnot. Ich befinde mich fast schon auf dem höchsten Punkt und nur noch ein kurzes Stück geht es voran, bis ein Wegweiser die Auswahl anbietet, links auf einen Trampelpfad abzubiegen oder weiter der Straße zu folgen. Beide Alternativen führen durch einen schattigen Wald, jedoch ist der Pfad links die bessere Wahl, denn Landstraßen ohne Fußwege sind ein Sicherheitsrisiko, besonders wenn die Sichtweite für die Autos wie in diesem Fall stark eingeschränkt ist.

Der Wald lichtet sich und ich betrete *Grandas de Salime*, die Stadt, nach der dieser Staudamm benannt ist. Vielleicht wurde die Stadt auch nach dem Damm benannt. Kurz nach dem Ortsanfang sehe ich ein ethnographisches Museum, kann in den Innenhof blicken, in dem sich mittelalterliche Holzkarren befinden, sowie Mahlwerke von historischen Mühlen. Ich bin gerade so im Laufrhytmus, dass ich am Eingang vorbeilaufe, während ich gleichzeitig denke, das würde ich mir gerne ansehen. Im Laufen ringe ich mit mir selbst: warum habe ich nicht angehalten? Genau solche geschichtlichen Museen interessieren mich doch, kurz hätte ich wenigstens hineinschauen können. Merkwürdig und seltsam ... meine Füße laufen automatisch weiter, sie gehorchen meinem Willen nicht mehr, tragen mich an einer Kirche vorbei, die Hauptstraße voran und als ich schon fürchte, an der Herberge vorbeigelaufen zu sein, begegne ich einer der wenigen Personen, die auch zu Fuß unterwegs sind und reduziere mein Tempo.

Ob er wüsste, wo die Herberge ist, frage ich ohne anzuhalten den Spanier, der antwortet, ich wäre auf dem richtigen Weg: es wäre nur wenige Schritte weiter und ein gelbes Gebäude kurz vor Ortsende. Irgendwie scheinen fast alle Pilgerherbergen gelb gestrichen zu sein, denke ich im Weitergehen und sehe nach einer Rechtskurve schon das genannte Gebäude. Jetzt muss ich nur noch anhalten.

Es ist ein Gefühl, als hätte ich ein Fahrzeug vorwärtsbewegt und müsste bewusst auf die Bremse treten um anzuhalten, als ich die Pilgerherberge erreicht habe. Dort die Treppe hinaufzusteigen ist eine deutliche Hilfe, das Tempo auf Null zu reduzieren.

Die Eingangstür zur Herberge ist nicht verschlossen, jedoch kann ich sie kaum öffnen. Hier muss ein Handwerker gepfuscht haben, denn der gefliste Boden im Flur liegt höher das untere Ende der Tür, die sich nach innen öffnet. Ich setze meine ganze Kraft ein, um sie über die Fliesen zu schieben, was ein lautes Knirschen verursacht. Die französischen Pilger haben den Lärm gehört, erscheinen im Flur und unterstützen mich beim Öffnen der Tür. Bald ist sie einen Spalt weit geöffnet, so dass ich durchpasse. Innen steigt mir sogleich ein Geruch nach Essen in die Nase.

»Wir haben gekocht, du kannst deinen Rucksack gleich abstellen und dich in der Küche bedienen.« Da sage ich nicht nein, fülle mir einen

40

Teller, kehre zurück ins Wohnzimmer und falle über das Essen her. Es gibt Fisch, Reis, Erbsen und Wein – eine tolle Abwechslung auf meinem Speiseplan.

Diese Herberge wurde offensichtlich frisch renoviert. Es bietet sich fast an, im Gemeinschaftsraum eine Party zu feiern. Wir sind aber nur zu dritt, weder sind Pilgerinnen anwesend, noch gibt es die Möglichkeit, Musik zu hören. Dafür liegt eine Auswahl an Büchern und Zeitschriften über den *Camino* in den Regalen, man kann sich in einen der Sessel setzen und schmökern. Auch die Schlafsäle sind gemütlich, nur das Bad muss der gleiche ungeschickte Handwerker eingerichtet haben, der auch die Fliesen am Eingang gelegt hat, da das Duschwasser über die Wand auf den Boden geleitet wird, in dem kein Abfluss eingebaut ist. Nach der Dusche brauche ich einige Zeit, um den Raum mit einem Mopp wieder trockenzulegen

Ein schrilles Quietschen ist aus dem Vorraum zu hören, als ich mich nach der Dusche auf dem Bett entspanne. Der *Hospitalero* ist wohl gerade angekommen, ich gehe in den Flur und setze mich neben den Empfangstisch, bekomme meinen Pilgerstempel und zahle für die Übernachtung. Sicherheitshalber frage ich nach einer Wolldecke, da ich im Schlafsaal keine fand. Der Herbergsvater nickt freundlich, schließt einen Schrank auf und reicht uns einige Decken heraus. Sie in der Hand zu halten, vermittelt ein wohliges Gefühl.

Wenig später sind wir wieder zu dritt, haben alle Zeitschriften über den *Camino* im Gemeinschaftsraum durchgeblättert. Langsam wird es langweilig. Heute ist Freitag, man sollte einfach losziehen. *Fiesta, Chicas, Cerveza* … Ein Schlüssel wurde uns ausgehändigt, wir können also die ganze Nacht durchfeiern und im Morgengrauen zurückkehren. Bald habe ich meine Mitpilger ausreichend traktiert, dass sie sich bereit erklären, abends mit auszugehen und in der Innenstadt nach Bars Ausschau zu halten.

Wir streifen durch die Altstadt. Wobei sich die Frage stellt, ob man in einem Dorf mit weniger als tausend Einwohnern dies eigentlich so bezeichnen kann? Jedenfalls gibt es im Zentrum der Siedlung eine Kirche und vereinzelte Lokale. In der ersten Bar gruppieren wir uns zu dritt mit unseren Bieren um einen Tisch und bekommen, obwohl wir uns noch in der Region *Asturien* befinden, Bekanntschaft mit der *galici-*

schen Tradition: wenn man ein Getränk bestellt, werden einem dazu immer kleine Häppchen verschiedener Kostbarkeiten angeboten. Baguette-Scheiben, die mit typisch spanischen Köstlichkeiten wie *Chorizo*, *Tortillas* oder regionalem Käse belegt sind. Nicht Portionen, die sättigend sind, sondern eher Appetithäppchen, wie sie von den Sterneköchen der *Nouvelle Cuisine* angeboten werden. Mit dem einzigen Unterschied: sie sind kostenlos statt unglaublich teuer.

Nur etwas fehlt bisher: mit Einheimischen in Kontakt zu kommen. Unsere Dialoge mit ihnen beschränken sich auf das Bestellen von Bier bei der Bedienung hinter dem Tresen.

Wir ziehen bald weiter, suchen nach weiteren Möglichkeiten zum Einkehren und betreten die zweite geöffnete Bar. Dort kennt scheinbar jeder jeden der insgesamt fünf anderen Besucher. Und wir drei kennen uns. Ab und zu tritt ein einzelner Gast ein, um beim Barkeeper eines der in Spanien beliebten Glückslose zu kaufen. Die Bedienung ist auch hier unser ausschließlicher Kontakt zu Einheimischen. *Grandas de Salime* ist keine pulsierende Großstadt, in der man nächtelang durchfeiern kann, es ist ein Dorf.

Da wir weit und breit keine Fiesta sehen und die große Abwechslung an diesen Abend nicht mehr zu erwarten ist, begeben wir uns nach einigen Bieren ettäuscht auf den Rückweg.

Die Bar der vier Winde

1. Dezember, Grandas de Salime → Padrón

Die Wanderung an diesem Tag werde ich alleine beginnen. Jojo ist schon eine Stunde unterwegs, als ich meinen Rausch vom Vorabend bewältigt habe. Langsam beginne ich, meine Klamotten, die ich zum Trocknen auf den Heizkörpern verteilt hatte, zusammenzusuchen, während sich auch Theo mit der Erklärung verabschiedet, er werde sich nach einer Busverbindung erkundigen, denn wegen seiner Knieprobleme würde er heute mit Sicherheit nicht wandern können.

Mit Kraft öffne ich die am Boden schleifende Tür, schließe sie hinter mir ab und werfe den Schlüssel, den uns der Hospitalero ausgehändigt hatte, in den Briefkasten. Habe ich auch nichts innen liegen gelassen? Wenn, wäre es sowieso zu spät und ich setze mich in Bewegung.

Mal schauen, was mir dieser Tag bringen wird. Nachdem ich *Grandas de Salime* verlassen habe, zweigt der Weg von der Straße ab, führt über einen Schotterpfad durch farbige Landschaft. Die herbstlichen Farben werden intensiver, wirken fast unnatürlich wie mit Öl auf eine Leinwand gepinselt – so, als hätte ein Künstler sich diese Idylle ausgedacht. Der *Camino* bietet jetzt diese Ursprünglichkeit, so wie ich mir den uralten Pilgerpfad vorgestellt habe: Ocker geht über in Palmgrün, über mir kristallblauer Himmel und ich durchquere verträumte Siedlungen und Bauernhäuser, die aus dem erbaut sind, was man in der Umgebung finden kann: Sandstein und Schiefer – perfekt passen sie sich in diesen Garten Eden ein, während der Weg an Feldern mit grasenden Kühen vorbeiführt und Gärten, in denen Enten, Hühner und Hasen friedlich nebeneinander durch das Gras hüpfen und die kurz aufblicken, als ich vorbeiwandere. Kleine Kirchen gibt es, manche geöffnet, sodass ich hin und wieder einen Blick hineinwerfen kann und einsame *Ermitas* – Kleinstkapellen inmitten von herbstlichen Wäldern, die für ein spirituelles Erlebnis sorgen. Eine Pilgeridylle, hart erkämpft. Aber vielleicht sollte es so sein, um den *Camino* intensiver empfinden zu können: satte grüne Felder neben goldgrün schillernden Baumgruppen, von frischem Weiß bedeckte Gebirgszüge im Hintergrund, in denen es azurblau schimmert, als wären sie Gletscher in der Antarktis.

Ist so ein Erlebnis die Strapazen der Vortage wert? Definitiv NEIN. Der *Camino* auf diesem Abschnitt ist zu anderen Jahreszeiten bestimmt ein ebenso großartiges Naturerlebnis. Vergessen wir die vorhergehenden Tage einfach, denn seit heute habe ich das Gefühl, dass ich den Weg so erleben kann, wie ich mir dies erhoffte. Und berichten kann ich über die letzten Tage etwas in der Art: so eine Tour habt ihr bestimmt noch nie durchgemacht, so was würdet ihr nie wagen … Das würde ich wohl auch nicht mehr. Dafür werden die Fotos gelungen sein und vielleicht sieht die Tour als Diavortrag gar nicht so schlimm aus.

Mich verblüfft das fast künstlich wirkende Grün, das ich nur von über-düngten Fußballfeldern kenne, oder von Planeten, auf denen Außerirdi-sche leben – wobei diese nur meinen Phantasievorstellungen entspringen. Ich genieße beim Gehen diese unwirklich wirkende Land-schaft und … der Weg ist abrupt zu Ende. Hinter einem Weidezaun stehen zwei Kühe und beobachten mich misstrauisch. Wahrscheinlich sind sie mehr irritiert, hier einen Pilger zu sehen, als ich, diese beiden Paarhufer zu sehen.

»Wo ist der Weg?«, erkundige ich mich bei ihnen, bekomme jedoch - wie häufig, wenn man hier fragt - keine brauchbare Information. Was habe ich auch erwartet? Die meisten, die hier zu Hause sind, kennen den *Camino* gar nicht. Es sind Landbewohner, die selten über das eigene Dorf hinauskommen. Diese Beiden womöglich nicht weiter als bis zu ihrem Zaun, jedoch ist niemand anderes zugegen, den ich fragen könnte. Ich war wohl einige Zeit nicht geistesgegenwärtig, habe mehr auf die Landschaft geachtet als auf die Symbole, die den Weg kenn-zeichnen. Eine Markierung muss ich übersehen haben. Ok, ich gehe zwar nicht gerne Wege zurück, aber da mir nichts anderes übrigbleibt, laufe ich am Zaun entlang, nicke den zwei Kühen zum Abschied freund-lich zu, suche nach Wegweisern und entdecke wenig später einen Pfeiler mit dem Muschelsymbol. Aha. Hier hätte ich zuvor abbiegen müssen, dort, wo ein Trampelpfad zwischen zwei Zäunen über grünen Rasen führt. Der gerade unter Wasser steht. Auf den zweiten Blick ist es ein Sumpf, aus dem Grasbüschel herausragen. Vielleicht hat mein Unterbe-wusstsein analysiert: »Dort kann es definitiv nicht weitergehen« und mich den Wegweiser übersehen lassen. Ich habe jedoch keine Wahl und stapfe hindurch, balanciere vorsichtig über die Wurzeln der Grasnaben, um in dem durchweichten Grund nicht allzu tief einzusinken, darin nicht das Gleichgewicht zu verlieren und gehe vorsichtig Fuß für Fuß voran, während meine Schuhe bei jedem Schritt ein schmatzendes Geräusch von sich geben.

Kurz nach dem Sumpf bin ich in meiner Wanderidylle zurück, entdecke im Wald eine einsame Kapelle mit Vorraum und lege eine Pause ein. Zettel dekorieren die Wand, eine Botschaft verkündet eine spirituelle Weisheit: *Lo esencial es invisible a los ojos* - »das Wichtigste bleibt unseren Augen verborgen« … ist damit der *Camino* gemeint? Viele Kilometer war er von Schnee bedeckt, so kann ich dem Text meine eigene Interpretation geben. Bald wieder unterwegs, nimmt der Weg einen Anstieg, vereinigt sich mit der Landstraße, bietet einen weiten Blick zur Gebirgskette in der Ferne, führt einige Kilometer aufwärts, bis der *Camino* sich von der Straße trennt und in ein archaisches Dorf führt. Ich gehe um eine Kirche herum und kann es im nächsten Moment kaum fassen: wer sitzt dort auf einer Bank und knabbert Kekse? Theo!

»Ich dachte, du wolltest heute den Bus nehmen …?«

»Erst hatte ich das vor, aber ich hätte ewig warten müssen. Und dann habe ich plötzlich Lust bekommen, zu Fuß zu gehen«, erklärt er, als ich mich dazugeselle.

»Wunderbare Landschaft«, setze ich an, als ein kleiner Hund herbeispringt und Theo anbettelt, um etwas von seinen Keksen zu bekommen.

»Mit dem Knie hatte ich in den letzten Tagen ständig Probleme«, erzählt er mir, während er dem Hund ein Stück von seinen Keksen reicht und der gierig danach schnappt. »Alles ist gut, wenn der Weg flach ist. Aber sobald der Weg ansteigt und ich mein Knie anwinkle, knackt immer etwas darin. Kein Arzt konnte mir bisher sagen, was das Problem ist, obwohl ich es schon einige Male untersuchen ließ. Heute genieße ich aber die Natur und die frische Luft.«

Einige Minuten später brechen wir gemeinsam auf, es geht weiter aufwärts. Es dauert nicht lange, bis wir die Schneegrenze erreicht haben und folgen der Spur eines einzelnen Menschen, die seitlich durch Abdrücke von vier Pfoten begleitet wird. Durchgehend ist der Pfad von Schnee bedeckt. Auch wenn ich die Füße genau in die Spuren vor mir setze, rieselt bei jedem Schritt Schnee in meine Turnschuhe, taut auf, rieselt erneut hinein und bald wandere ich in nassen Tretern. Jedoch ist es immer noch angenehmer als in meinen Stiefeln, wenn das gehärtete Leder über die Wunden scheuert.

»In der Ebene geht es immer gut, aber diese Aufstiege sind eine Belastung für mein rechtes Knie«, erklärt Theo, als ich ihm hinterherdackele. Fast vermeine ich, ein regelmäßiges »Knack, Knack« zu hören. Egal. Ich bin ich froh, dass ich mithalten kann. Die Fußspuren, denen wir folgen - es sind durchgehend die einzigen auf dem Weg - müssen die von Jojo sein. Unverständlich für uns sind die beständigen Abdrücke von vier Pfoten daneben. »Er muss einen Hund dabeigehabt haben«, äußere ich meine Vermutung, als wir einem Trampelpfad folgen, der durch eine wilde Landschaft ansteigt, in der Höhe zwischen riesigen Windgeneratoren hindurchführt und nach einer Ansammlung von kleinen Baumpflanzungen in eine Straße mündet. Nach wenigen Metern auf dem Asphalt sehen wir einen Pfeiler, der sich aus dem Weiß erhebt.

»Hier führt der *Camino* abseits der Straße weiter«, sagt Theo kurz und wendet sich schon dem Tiefschnee zu.

Ich bleibe stehen und starre entgeistert auf den Jakobsweg-Pfeiler, der aus dem Schnee herausragt. Der verschneite Pfad ist zu tief für meine Turnschuhe, und in meinen abgewetzten Tretern hat sich schon genug Schnee gesammelt. Sie zu wechseln und wieder diese Höllendinger von Stiefeln anzuziehen, das kommt nicht in Frage. Mit denen habe ich abgeschlossen. Nochmals ertrage ich diese entsetzliche Folter nicht und zeige auf das Straßenschild, das den nächsten Ort anzeigt.

»Genauso gut kann der Weg ja an der Straße entlangführen«, fange ich an zu diskutieren: »wir wissen es nicht, da nur das Muschelsymbol vorhanden ist, aber kein gelber Pfeil.«

»Die Pfeile brauchen wir nicht, denn die Muscheln geben die Richtung ebenso an. Auf der Seite, an der die Strahlen des Symbols aufeinandertreffen, dorthin weisen sie den Weg. Also müssen wir jetzt links abseits der Straße gehen.«

»Aha«, entgegne ich überrascht. *Man lernt nie aus. Das hätte ich früher wissen sollen.*

»Und demnächst überqueren wir die Grenze nach Galicien – dort kehrt sich die Bedeutung der Muscheln um: dort, wo die Strahlen auseinandergehen, ist die Richtung des Weges angezeigt«, führt er fort, was für mich die zweite Überraschung ist.

»Ich habe aber keine Lust, im Schnee zu gehen«, sage ich trotzig, »und wahrscheinlich führt der *Camino* parallel zur Straße. Dort ist kaum Verkehr. Und vielleicht ist es eine Abkürzung. Außerdem sind meine Schuhe nass.«

Erleichterung macht sich in mir breit, als Theo zustimmend nickt. Beim Gehen erzählt er mir von seinen Zukunftsplänen: er würde gerne nach England an eine Schule gehen und Kinder unterrichten. Das würde ihm viel Freude bereiten. Als Skilehrer hatte er bemerkt, wie viel Spaß es ihm macht, den Kleinen etwas beizubringen.

Und mit den Knieproblemen muss er zwangsläufig eine Beschäftigung mit wenig körperlicher Belastung finden, füge ich in Gedanken hinzu, *wer weiß, ob das mit dem Skifahren noch lange gutgehen wird.*

Als der Abstieg in eine Ebene mündet und ich auf der rechten Seite Schleierwolken sehe, die herabsinken und sich in unsere Richtung bewegen, erfasst meinen Körper eine merkwürdige Kälte. *Wieso fühle ich mich plötzlich so unwohl?* - frage ich mich. Selbst meine Augen beginnen zu Schmerzen und ich reduziere das Tempo. *Was ist das? Ein Schwäche-anfall oder die ersten Anzeichen eines Herzinfarktes?*

Ein leichter Windstoß kommt auf, entsetzliche Eiseskälte schneidet in meinen Körper wie ein Messer. Aua. Nein, es hat nichts mit meiner körperlichen Verfassung zu tun. Die Temperatur ist binnen Sekunden drastisch gefallen.

Heute trage ich unter der Jacke nur ein T-Shirt, um den atmungsak-tiven Effekt zu nutzen. Falls es kälter würde, so dachte ich, könnte ich schnell etwas Wärmeres darunter anziehen. Das galt ein paar Meter zuvor. Völlig unvorbereitet trifft mich der Kälteschock wie ein Schlag. *Kann die Temperatur in so kurzer Zeit derart abstürzen? Ist das einer der berüchtigten Fallwinde, vor denen Piloten sich fürchten?*

Ich rufe Theo zu, ich müsse kurz anhalten, um mir etwas Wärmeres anzuziehen, er solle doch schon vorausgehen. Ich setze den Rucksack ab und zupfe meine Strickweste heraus. Für einen Wollpullover war nicht mehr genügend Platz, schließlich durfte der Rucksack nicht zu groß sein, um beim Rückflug noch als Handgepäck bei meinem Billig-Air-liner durchzugehen. Und, dachte ich vor der Anreise, diese dünne Weste aus Baumwolle ist gewichtssparend und wird bei den guten Wetterpro-gnosen genügen: bis zu 20 Grad wurden vorhergesagt. Von MINUS wurde kein Wort erwähnt. Au! Und die Weste muss ich unter meiner Jacke anziehen. Als ich diese abgestreift habe und im T-Shirt dastehe … so muss man sich wohl fühlen, wenn man zur Salzsäule erstarrt. Meine Hände sind so steif geworden, sodass es mir große Schwierigkeiten bereitet, die Arme durch die Westenärmel zu stecken. Völlig erfolglos bin ich, danach die Jacke wieder anziehen – weder kann ich sie mit der einen Hand halten, noch gelingt es mir, die andere Hand durch den Ärmel zu stecken. Was jetzt? Mit so einem Problem wurde ich noch nie konfrontiert. Ich muss die Jacke ablegen und zuerst die Hände aufwärmen. Es dauert eine Weile, bis sie am Körper soweit aufgewärmt sind, dass ich in der Lage bin, mit ihnen zu greifen und brauche einige Zeit, bis ich die Jacke wieder angezogen habe. Danach sind die Hände erneut steif vor Kälte. Unangenehm, aber egal, zur Fortbewegung brauche ich nur meine Füße, die zum Glück nicht ganz eingefroren sind, und ich setze mich in Bewegung, erst langsam, bald zunehmend schneller und versuche, zu Theo aufschließen, der mittlerweile schon weit voraus ist. Das schnelle Tempo und die Strickweste wärmen mich zwar kaum, dafür bin ich aber nicht erfroren.

Kurz, nachdem ich ihn eingeholt habe, weist ein Wegweiser des *Camino* von der Landstraße nach links ab, wo ein Schild wirbt: »Bar-Restaurante Cuatro Vientos« - die Bar der vier Winde. Rührt der Name daher, weil man in einer Schneise von plötzlichen Eiswinden erwischt wird? Ist der Gott der vier Winde hier zuhause? Jedenfalls ist mein nächstes Ziel, mich aufzuwärmen und eine Kleinigkeit zu essen.

Wir erreichen ein abgelegenes Gebäude. Eisenfiguren sind davor aufgestellt, die einen Fuß- und einen Radpilger darstellen. Wir werden von einem Hund angebellt, den wir einfach ignorieren, da er sich kaum von der Stelle bewegt und alters-träge zu sein scheint. Die Bar der vier Winde scheint ein beliebter Treffpunkt für Spanier aus der weiten Umgebung zu sein, denn zahlreiche Autos parken davor. Bei einem Blick auf die Speisekarte habe ich den Eindruck, als ob hier Gourmet-S-pezialitäten angeboten werden. Theo meint nach dem Lesen der Karte, wir sollten lieber gleich weitergehen, statt einzukehren, denn unser Kollege Jojo würde sicherlich schon auf uns warten, außerdem wäre es nicht mehr weit bis nach *Padrón*, dem Ziel unserer heutigen Wanderung. Und es fiele einem jedes Mal schwer, wenn man pausiert, sich danach wieder aufzuraffen und zu starten. Diese Behauptung verallgemeinert er, ich kann dem nicht zustimmen. Besonders in meinem Zustand nicht. Aus meiner Sicht ist es absoluter Wahnsinn, die einzige Gelegenheit zum Einkehren seit Beginn dieser Etappe zu verpassen, die einzige Möglichkeit, aufzutauen. Außerdem haben wir bestimmt schon 20 Kilometer zurückgelegt, viele davon im Schnee. Als er schon zum Weitergehen ansetzt, rufe ich meine allerhöchsten Künste der Überredungskunst ab: »Warte! Mir ist kalt. Und vielleicht haben wir hier die einzige Möglichkeit, heute noch etwas Warmes zum Essen und ein Bier zu bekommen. Kurz einkehren, danach gehen wir gleich weiter, versprochen!«. Vor Kälte bibbernd ergänze ich: »Ich mache hier auf jeden Fall Pause und werde nicht gleich weitergehen!«

Mein Begleiter lässt sich überreden. »Ok, ein paar Minuten sind sicherlich noch drin«, stimmt er zu und ich mache in Gedanken einen Freudensprung. Wir gehen hinein und setzen uns an die Bar. Trotz der Gourmet-Preise gibt es auch einfache Gerichte zu günstigen Preisen, Theo bestellt gleich zwei Portionen Pommes, die für weniger als einen Euro angeboten werden und ich ordere eine Portion *Caldo Gallego* – das ist eine regionale Suppe aus Kohl und Kartoffeln, die meistens mit ein paar Schnipseln von Fleisch oder Wurst ergänzt wird.

Ich beginne damit, meine Suppe zu löffeln, als Theo zwei großzügige Portionen Pommes Frites serviert werden. »Du kannst gerne davon nehmen«, bietet er an, »ich dachte bei dem Preis nicht, dass man dafür so eine große Menge bekommt.« Zurückhaltend bediene ich mich ebenso an seinen Pommes. Endlich eine schmackhafte Entschädigung für mein Frühstück, das aufgrund fehlender Cafés und Bars auf dem Weg ausfallen musste.

Gewärmt verlassen wir das Restaurant und treten die letzten Kilometer der Etappe an, als die Dämmerung einsetzt. Einige Stunden sind wir noch unterwegs, durchqueren mehrere galicische Dörfer und es ist stockdunkel, als wir in *Padrón* ankommen. Ein einsames Auto fährt an uns vorbei, verlangsamt auf einen Wink von Theo sein Tempo und hält. Es ist offensichtlich ein Fahrzeug des Zivilschutzes. Der Fahrer kurbelt das Fenster herunter und mein französischer Begleiter fragt nach der Herberge. Diese befände sich außerhalb und ein Stück nach dem Ende des Ortes, bekommen wir zur Antwort, aber wir wären schon auf dem richtigen Weg, einfach geradeaus weiter. Nachdem wir die letzten Gebäude hinter uns gelassen haben und weitere fünf Kilometer zurückgelegt haben, sehen wir das Muschelsymbol an der Hauswand eines einsamen Gebäudes und öffnen die Tür.

»Habt ihr meinen tollen Schneepilger auf dem *Camino* gesehen?«, begrüßt uns Jojo gutgelaunt, als wir eintreten, »ich habe mir sehr viel Mühe bei den Details gegeben und dabei sind meine Hände fast abgefroren. Der hatte Ohren, Haare aus Flechten – dummerweise waren die so spitz, dass ich mir die Finger wund gestochen habe.«

»Nein, den haben wir nicht gesehen«, antwortet Theo, was die euphorische Stimmung von Jojo sogleich dämpft, »nach dem Pass sind wir auf der Straße weitergegangen.«

»Übrigens, hattest du einen Hund dabei?«, frage ich.

»Wieso?«, fragt er verdutzt.

»Auf dem ganzen Weg waren Spuren von Hundepfoten direkt neben deinen Fußabdrücken zu sehen.«

Jojo verneint und schüttelt den Kopf. »Übrigens, der Hospitalero war kurz zuvor im Haus. Er würde aber wiederkommen, hat er gesagt, für die Stempel und damit ihr euch anmelden könnt.«

Trotz der Schüssel Suppe am Nachmittag habe ich Bärenhunger. Ein 3- bis 4-gängiges Pilgermenü oder ein all-you-can-eat-Buffet käme mir jetzt recht. Jedoch sind 5 Kilometer zum letzten Ort eine große Hürde in diesem frostigen Wetter und der mittlerweile tiefschwarzen Dunkelheit.

Ich schaue mich in der Küche um, da es in den Herbergen häufig Überbleibsel an Nahrung gibt. Und ich werde fündig: eine Tüte mit Toastbroten liegt dort, die irgendein Pilger liegen gelassen hat. Ein Toaster ist auch vorhanden, sogar zwei angebrochene Gläser mit Marmelade. Gutgelaunt zähle ich die Scheiben Toast: es befinden sich noch 4 Stück in der Packung. Meine Stimmung lässt nach, als mir bewusst wird, dass ich den Fund ja mit den Anderen teilen muss. Nach der einen Scheibe, die mich kaum sättigt, strahle ich vor Glück, als meine Mitpilger mir großzügig die letzte Scheibe Toast überlassen. Jojo hat noch ein Stück Baguette übrig, das sich die Beiden teilen.

Der *Hospitalero* erscheint und ich erkenne ihn wieder: es ist der Fahrer des Zivilschutzfahrzeuges. Wahrscheinlich ist er gleichzeitig Bürgermeister, Dorfpolizist, Herbergsvater sowie Mädchen für alles.

Nachdem wir uns angemeldet haben und sich neue Stempel in unseren Pilgerausweisen befinden, inspiziere ich erneut die Küche, finde einige Teebeutel und erhitze sogleich einen Topf Wasser. Bald sitzen wir Tee-schlürfend zusammen, trotzen der Kälte. Ich bin wieder gutgelaunt: Wie wäre es mit *Fiesta* heute Abend, frage ich grinsend. Wohl wissend, dass die Beiden wenig Lust verspüren, die Kilometer von diesem alleinstehenden Gebäude bis zum Ort zurückzulaufen.

»Geh' ruhig zu deiner Fiesta«, sagt Theo zu mir mit einer wegwerfenden Bewegung, »wir machen es uns heute Abend hier gemütlich.«

Natürlich hatte ich dies nicht vor. Obwohl trotz der gemütlichen Sitzecke im Eingangsraum, einem Regal mit Pilgerfiguren aus gebranntem Ton, die Preisschilder tragen und die man auch kaufen kann, keine rechte Partystimmung aufkommen will. Die Franzosen schmökern in ihren Büchern, während ich mich von Hörbüchern, einer gewichtssparenden Version von Lektüre unterhalten lasse, bis meine Mitpilger gähen und sagen, sie würden sich nun zu Bett begeben.

Beim letzten Schritt vor die Tür, um die letzte Zigarette des Tages zu rauchen, blicke ich nach oben. Die Wolken haben sich verzogen, über mir breitet sich der klare Nachthimmel aus, erste Sterne funkeln durch die Wolkendecke. Unter mir höre ich ein Knirschen und mir fällt auf, dass die Wasserlachen, denen wir abends ausgewichen waren, Eis angesetzt haben. Ich gehe ein wenig vor der Herberge auf und ab, kann fühlen, wie die Temperatur fällt und beobachten, wie die Pfützen langsam zufrieren.

Ich verriegele die Eingangstür, schleiche mich in den Schlafraum. Da ich bemerke, dass die Beiden noch wach sind, frage ich, ob noch eine dritte warme Decke irgendwo herumliegen würde. Theo windet sich aus seinem Bett heraus und sagt: leider hätten sie nur zwei von denen gefunden. Er könne mir jedoch seine Wolldecke geben, da sein Schlafsack sicherlich wärmer ist als mein dünnes Leinentuch. Erleichtert nehme ich die wärmende Überdecke entgegen, denn mein Schlafsack aus Leinen ist vor allem praktisch, dass er sich zu einem kleinen Paket zusammenrollen lässt und nur minimalen Platz im Rucksack einnimmt. Aber nicht zum Wärmen.

Frost

2. Dezember, Padrón → O Cádavo/Baleira

Morgens werde ich von meinen Mitpilgern gutgelaunt geweckt: sie wären soeben vor der Tür gewesen und ich solle mir unbedingt den wunderbaren Sonnenaufgang ansehen! Ich schiebe die Wolldecke beiseite, schäle mich aus meinem dünnen Jugendherbergsschlafsack und merke, wie kalt es geworden ist. Die elektrische Heizung konnte den Schlafraum genauso wenig warmhalten, wie sie in der Lage war, das Entstehen von Eisblumen an den Fenstern zu verhindern. Die mir den Blick nach draußen zum Sonnenaufgang verwehren. Um mich für den Schritt vor die Tür bereitzumachen, ziehe ich mich warm an: Jeans, Weste, Extremtouren-Jacke, die ganze Winterkampfmontour. Gut gewappnet trete ich vor die Herberge und grün-weiße Felder schimmern mir entgegen. An Grashalmen haben sich gezackte Eiskristalle gebildet und intensive gelbe Sonnenstrahlen schneiden sich durch die zu Eis erstarrte Landschaft. Schön, ich habe mir dies angesehen und gehe wieder hinein. Es ist wirklich saukalt geworden.

Der Bettbezug und meine Kleidungsstücke sind schnell im Rucksack verstaut, wenig später wandere ich durch die frostige Landschaft, alleine, da die Beiden immer noch Fußprobleme haben und den Bus nehmen. Ich stelle bald fest, dass die Wanderung auf dem nun stetig aufwärts führenden Pfad angenehm ist. Dort, wo ich einen Tag zuvor noch eingesunken wäre, habe ich heute festen Untergrund, wandere über gefrorenen Boden oder verharschten Schnee. Bei den Pfützen macht es mir sogar Spaß, die filigranen Eisränder zu zertreten, die einen knirschenden Laut von sich geben, wenn sie in kleine Fragmente zerbröseln.

Die Hindernisse sind heute problemlos zu überwinden, obwohl einige Bäche über den Weg rauschen. Der ist *Camino* ist felsig und ich kann über Steine, die aus dem Wasser herausragen balancieren und komme weitgehend trockenen Fußes voran. Ein umgestürzter Baum über den Weg ist schnell zu umgehen. Plötzlich werde ich von einem intensiven goldenen Glanz erfasst. Die Sonne bricht durch die Wolken und leuchtet in solcher Pracht, dass ich die Augen kaum öffnen kann. Geblendet von dem Licht halte ich meine Hand vor das Gesicht, damit ich den Untergrund erkennen kann. Wenige Meter bergauf und auf einer freien Ebene werde ich von einem Rundumblick auf diese schöne Welt mit Bergkulissen in der Ferne belohnt, auf grüne Landschaft vor mir, die einem Voralpenland gleicht, hinab zu den Wolken, die sich sanft durch das Tal winden. Vor mir stapft ein einsames Pferd im Schnee und wühlt sich auf der Suche nach Gras hindurch. Wunderbar! Die Sonne habe ich viele Tage vermisst und fast fragte ich mich schon, ob sie überhaupt noch existiert. Es scheint so, als wäre sie gerade wiedergeboren worden.

Dieser Aussichtsplatz befindet sich vermutlich auf dem höchsten Punkt weit und breit, denn der Weg senkt sich wieder, führt durch einen Wald, lichtet sich erneut und gibt den Blick frei auf *galicische* Rundhäuser. Bald durchquere ich eine kleine Siedlung, deren Gebäude ausschließlich im *galicischen* Stil errichtet sind, ein Ort, der den Schritt zu einem Dorf noch nicht erreicht hat, der sich über Jahrhunderte wohl kaum verändert hat.

An einem heruntergekommenen alten Bauernhof verzweigt sich der Weg: Ein Asphaltweg führt halb rechts, ein Schotterweg halb links, doch kein Wegweiser ist zu finden. Plötzlich rennen zwei Hunde auf mich zu, stellen sich laut bellend vor mir auf und blockieren den Weg der rechten Abzweigung. An solchen Beißern und so einem wüsten Gehöft muss ich hoffentlich nicht vorbei, wünsche ich, und biege links ab. Nach wenigen Metern ist der Weg verwildert, mit Brombeerbüschen überwachsen und immer noch keine Markierung zu sehen. Es war wohl die falsche Entscheidung, ich kehre um. Dort stehen jedoch immer noch diese wild gewordenen Hunde und kläffen mich an. Wie komme ich an den zwei Wächtern vorbei? Viele Jakobsweg-Führer empfehlen Pilgerstöcke: diese wären in so einem Moment nicht zum Wandern, sondern um sich zu verteidigen. In der Situation solle man mit diesem Stock zuschlagen, direkt auf die empfindliche Nase, dort wäre ihre empfindlichste Stelle. Wenn man geschickt wäre, könne man so einen Kampf sogar überleben. Wenn man keine dieser teuren Markenstöcke mit sich führe, hätte man Pech gehabt und würde von solchen Bestien zerfleischt werden.

Ich muss mir etwas einfallen lassen. Mangels Stab steht mir nur die Möglichkeit offen, mich ohne Kampf an den Tieren vorbei zu schleichen. Außerdem befinde ich mich nicht im Krieg, bin nicht im Einsatz, um mein Vaterland zu verteidigen, sondern Fremder. Außerdem braucht jemand die Hunde vielleicht noch, daher hätte ich selbst mit einem Pilgerstab bewaffnet jetzt Hemmungen, hier im Kampfeinsatz wild auf diese Tiere einzudreschen. Ich gehe langsam auf sie zu und überlege, wie ich sie beruhigen könnte … Hunde sind keine Wölfe, sondern domestizierte Tiere, die sich an Menschen gewöhnt haben. Um sie zu beruhigen, muss ich ihnen den Eindruck vermitteln, dass ich nicht feindselig bin, kein Wolf, der Hühner aus ihrem Stall klauen will.

»¡Hola, Perros!«, rufe ich ihnen mit meinen geringen Spanischkenntnissen zu, so selbstsicher, wie es geht: »¿Como estas, de donde eres?« - diese Sprache sind sie am ehesten gewohnt, so kann ich mich als eine ihrem Herrchen ähnliche Lebensform zu erkennen geben, als Mensch, der mit ihnen redet, und daher kein wildes Tier sein kann. Es ist einfach ihr Job, den Hof zu verteidigen und zu demonstrieren, dass dieser Hof von ihnen bewacht wird. Langsam und ruhig, ohne meine Furcht zu zeigen, setze ich unaufhaltsam einen Fuß vor den anderen und nähere mich den Kläffern, gehe mit dem maximal möglichen Abstand vorbei, Meter für Meter, gewinne langsam Abstand zur Gefahrenzone, bis ich die Beiden hinter mir gelassen habe. Ich werfe einen Blick nach rechts und sehe einen alten zahnlosen Mann, einen Greis, der mich misstrauisch und feindselig anblickt. Ich grüße auf Spanisch, er bleibt stumm und ich setze meinen Weg fort. Außer Sichtweite des Hofes atme ich tief durch. Dieser Einsiedler ist wohl ein einsamer Rebell, ein einsamer Geist, der unserer Zivilisation entrückt mit seinen Hunden in der Wildnis lebt und jedem Fremden Misstrauen entgegenbringt.

Respekt gehört dazu, wenn man diesen Weg geht, fast schäme ich mich, was in manchen Pilgerführern empfohlen wird: Pilgerstöcke als Waffe gegen scheinbar aggressive Hunde einzusetzen. Wir sind Gäste in einer urtümlichen Umgebung und dürfen niemandem schaden.

Der einzige sinnvolle Zweck, der mir für so einen Pilgerstock in den Sinn kommt: wenn der Letzte die Tür der Herberge ins Schloss fallengelassen hat und mir im gleichen Moment einfällt, dass ich noch meinen Rucksack oder meine Wäsche darin liegengelassen habe. Dann könnte ich ihn an die Außenwand lehnen und daran hochklettern, im oberen Stockwerk durch ein offenes Fenster steigen um hineinzugelangen und die vergessenen Utensilien holen. Was einiges Geschick und einen besonders langen Pilgerstab erfordert. Ebenso, dass jemand hoffentlich vergessen hat, ein Fenster zu schließen.

Im nächsten Ort *Fontaneira* gibt es eine Bar und eine der seltenen Gelegenheiten für eine Pause, die ich sofort nutze. Hinter dem Wirt fällt mir ein Foto an der Wand ins Auge, auf dem dieser drei Steinpilze in seinen Armen hält. Können diese wirklich so groß werden? Voller Bewunderung betrachte ich das Bild. Der Hut des größten Pilzes ist fast doppelt so breit wie sein Kopf. Beeindruckend. Der Pilzhut würde mir vielleicht als Sombrero stehen. Die Gegend muss ideal für Pilze sein, das hatte ich schon die letzten Tage vermutet, besonders jedoch auf der heutigen Etappe, auf der es von Pilzen nur so wimmelt. Vor allem von Fliegenpilzen.

Nach dem Aufbruch entdecke ich am Wegesrand gleich ein halbes Dutzend dieser weiß getupften Rothüte. Bei uns wird davor gewarnt, sie zu verspeisen, denn sie würden den Tod oder Halluzinationen hervorrufen. Jedoch gelten sie in Russland als schmackhafter Speisepilz, habe ich mal gelesen. So gefährlich, wie man behauptet, sind sie demnach nicht. Vielleicht werden nur Visionen hervorgerufen. Soll ich die Wirkung dieser Pilze nicht einfach mal testen? Dafür sind mir die Pilze aber nach kurzem Nachdenken doch zu schade, sie schmücken diese Landschaft einfach ungemein und die Idylle will ich nicht mutwillig zerstören. Außerdem findet man in der Umgebung Unmengen von Kastanien, die in rohem Zustand sicherlich schmackhafter sind als diese farbenfrohen Pilze.

Nachdem ich einen Wald durchquert habe, folgt ein steiler Abstieg und ich kann das Ziel schon sehen, eine Siedlung in der Ebene. Etwas später leuchtet mir vom ersten größeren Gebäude ein Schild mit einem als Strichmännchen gezeichneten Pilger entgegen.

Diese Herberge ist wesentlich größer als alle bisherigen. Ich betrete eine lichtdurchflutete Halle, schaue mich um und finde eine großzügige moderne Küche, einen großen Aufenthaltsraum mit Sitzecke und Couch. Und gähnende Leere. Ich gehe einen Korridor weiter und öffne die Tür zu einem Schlafsaal, der vollkommen leer ist, gehe weiter, blicke durch die nächste Tür: ein zweiter leerer Schlafsaal. Ich öffne die Tür zum dritten Saal, dort liegen die zwei Franzosen. Und schnarchen. Als ich durch den Raum gehe, schreckt Jojo auf, hebt seinen Kopf und begrüßt mich freundlich: »Wir haben einige Biere besorgt, in einem Laden, der am Nachmittag geöffnet hatte. Wenn du willst, hol dir eins, wir haben extra mehr geholt. Bedien dich einfach draußen neben der Eingangstür, dort haben wir alles kühl gestellt.«

Ich folge der Beschreibung und werfe einen neugierigen Blick in die Tüte vor dem Eingang. Meine Kollegen haben wirklich an alles gedacht: zwei Sechserpacks Bier und weitere Bierdosen befinden sich darin. *Heute wird wohl keiner verdursten,* denke ich, greife nach einer Dose und begebe mich auf den Rückweg. Diese Herberge ist so leer, viel leerer geht gar nicht mehr, drei Pilger in einem von drei großen Schlafsälen. Das ist einer der Vorteile, wenn man die Tour zu dieser Jahreszeit unternimmt: man muss keine Befürchtung haben, überfüllte Pilgerherbergen anzutreffen, keinen Platz mehr zu bekommen und draußen schlafen zu müssen.

Als ich in den Schlafsaal zurückkehre, sind die Beiden beim Lesen und trinken Bier. Es sieht so aus, als ob sie sich beschäftigen müssen, nachdem ich sie geweckt habe. Nebenbei fragt Jojo, ob sie etwas verpasst hätten …? Ich erzähle, auf dem Stück war nichts Besonderes. Und ich verschweige: es war möglicherweise die schönste Etappe.

Beim Biertrinken und Entspannen mit Hörbüchern bemerke ich einige Zeit später, dass jemand in den Raum tritt und nehme meinen Kopfhörer ab. »Hospitalero« habe ich verstanden und richte mich auf, denn die Herbergsverwalterin ist erschienen. Jetzt kann ich mich anmelden und den Stempel für meinen Pilgerausweis bekommen. Alles ist schnell erledigt, kurz erklärt sie uns die Verwendung der Küche und dass der letzte morgen früh die Tür verriegeln soll. Sie verabschiedet sich freundlich und öffnet die Tür der Herberge, als ich noch schnell die Frage hinterherwerfe, die mir - heute alleine auf dem Camino unterwegs - in den Sinn kam: wie viele Pilger denn derzeit unterwegs wären.

»Ayer: nada. El dia antes: nada«, antwortet die Spanierin knapp.

Die Tür fällt ins Schloss und ich schaue ihr verdutzt hinterher. Was hatte sie gerade gesagt? Gestern: niemand und vorgestern: Niemand? Ich bleibe nachdenklich im Flur stehen. Wäre ich nur einen Tag oder zwei Tage früher gestartet, wäre ich NIEMAND auf dieser Wanderung begegnet, alleine unterwegs und Nacht für Nacht der einzige Pilger in den Herbergen. *Welches Glück, dass ich überhaupt jemanden getroffen habe!*

Wie irre war die Idee eigentlich, so eine Tour zu machen? frage ich mich, als ich nochmal vor die Tür gehe, um mir ein neues Bier zu holen und bemerke dort, dass erneut ein Regenschauer einsetzt. Und wenig später das nächste, was mich zunehmend schläfrig macht. Danach haue ich mich einige Stunden aufs Ohr.

Abends geselle ich mich an den Esstisch zu meinen Mitpilgern, die am Küchentisch schmatzend vor ihren Tellern mit Müsli und Milch sitzen. Sie bieten mir an, mich ebenso frei daran zu bedienen. Ich habe doch meine *Marrones,* die ich Tage zuvor bei der Wanderung auf dem entsetzlich verschneiten Bergpass gesammelt habe, erkläre ich und röste diese mangels Backofen in einer Pfanne. Es sind viel mehr Kastanien, als ich essen kann und biete sie als Tausch für die vielen Biere an.

Pilze

Als Frühstück vertilge ich die restlichen gerösteten Kastanien des Vortages, die Franzosen löffeln Müsli, während wir über die nächsten Etappen der Wanderung diskutieren. Bald wird es ernst. Am kommenden Tag werden wir den inneren Zirkel betreten, den heiligen Kreis, den 100-Kilometer-Radius um die Stadt des Apostels. Dort gilt: zu Fuß gehen, oder es gibt keine Pilgerurkunde. Für meine Kollegen kommt es nicht in Frage, ihre Tagesdistanzen zu reduzieren und einen Tag später anzukommen, denn in *Santiago* fährt ihnen sonst die Bahn weg. Die heutige Etappe ist die letzte Möglichkeit, auf der sie auf den Bus ausweichen dürfen. Auf keinen Fall wollen sie das Risiko eingehen, dass ihre Füße auf den folgenden Etappen ihren Dienst verweigern und entscheiden sich, ein letztes Mal ihre Füße zu schonen. Also werde ich alleine wandern und die Beiden erst abends wiedertreffen.

Der Weg führt zumeist an der Landstraße entlang, durch ein paar kleine Siedlungen mit alten Kirchen, aufwärts, durch einen Wald, der in eine Landstraße mündet. Wegweiser? Habe ich keinen mehr gesehen und wohl vor geraumer Zeit eine Markierung verpasst. So orientiere mich per GPS und folge der Straße. Laut Plan existiert nach einigen Kilometern eine Abbiegung nach rechts. Eines der wenigen Autos hält und der Fahrer, der bemerkt hat, dass ich ein Pilger bin, ruft mir zu: das ist nicht der *Camino*! Was ich zuvor schon herausgefunden habe, gibt er mir als Anweisung: an der nächsten Abzweigung solle ich rechts abbiegen und später nochmal jemanden fragen. Eine halbe Stunde später habe ich diese Abbiegung erreicht und wandere an einer ruhigen Nebenstraße weiter. An einem Bauernhof erkundige mich nochmals. Von der ausführlichen Erklärung der Bäuerin, die gerade über den Hof geeilt war und die ich durch meine Frage von der Arbeit abhalte, verstehe ich kein Wort. *Ist das Galicisch?* Da ihre Wegbeschreibung mir nicht weiterhilft, entscheide ich mich mangels Alternativen, weiter der Landstraße zu folgen. Hier werden sicherlich irgendwelche Wegweiser auftauchen. Die jedoch nichtssagend sind, bis mein Weg in eine Bundesstraße mündet und mir von der Richtung klar ist, dass ich mich nach links wenden muss. Über unzählige Kilometer folge ich einer Straße, die vermutlich mit dem Lineal gezogen wurde. Eine scheinbar wichtige Verkehrsader, die nicht für Fußgänger gedacht ist. Ewig zieht sie sich hin, mechanisch trotte ich am Rand der Ödnis entlang und hoffe, dass dies bald ein Ende nehmen würde, während dröhnend LKW für LKW an mir vorbeibrettern.

Nach langer Zeit bieten die ersten Wegweiser des *Camino* zwei Möglichkeiten: die kürzere Variante weist geradeaus an der verkehrsreichen Straße weiter, die Alternative zweigt rechts ab auf einen Weg durch den Wald, den ich der stark befahrenen Straße vorziehe. Sofort fallen mir am Wegesrand zahlreiche braune Hütchen ins Auge. Pilze! Neugierig inspiziere ich sie, finde eine Schaumgummi-ähnliche Substanz unter dem Hut, einen breiten Fuß und bin begeistert: es sind Steinpilze! Ein Messer habe ich nicht dabei und herausrupfen soll man diese wertvollen Schwammlinge aus Umweltschutzgründen nicht, daher krame ich meinen Hausschlüssel hervor, rasple einige der Hutträger vorsichtig von ihrer Wurzel und deponiere sie in einer Tüte.

Der Weg führt durch den Wald, an Häuserruinen vorbei, mündet wieder in eine Landstraße, die jedoch kaum befahren ist, so bleibt die Idylle weitgehend erhalten, bis es zu nieseln beginnt und es die letzten Kilometer auf einem zur Straße parallelen Pfad nur noch geradeaus geht. Nach einer Brücke ist schon eine Großstadt in Sicht: *Lugo*.

Als ich die Stadtgrenze erreiche, hüpft ein halbes Dutzend Welpen auf einem Hausdach herum, alle bellen mich aufgeregt an. Das sieht so kurios aus und ist so niedlich, dass ich unbedingt ein Foto machen muss. Ich zücke mein Smartphone, aktiviere die Kamera und es erscheint die Warnung: ›Akku fast leer‹. Schade, es lassen sich keine Bilder mehr aufnehmen. Die häufige Verwendung der GPS-Funktion hat die Batterie fast vollständig aufgebraucht. Dies hätte vielleicht das witzigste Foto des *Camino* werden können. Fast traurig setze ich den Weg durch die Stadt bis zur Pilgerunterkunft fort und treffe im Schlafsaal meine französischen Kollegen, die wieder eifrig in ihren Büchern schmökern.

Leider verfügt die Herberge über keine Küche. Die Tüte mit den Steinpilzen lege ich beiseite und vertage es auf den nächsten Tag, mir über ihre Verwendung Gedanken zu machen. Zudem ist dies ist eine

Großstadt, also werde ich mit Sicherheit irgendwelche Restaurants ausfindig machen, in denen ich etwas Leckeres und Preiswertes bekommen kann. Meine Begleiter waren schon nachmittags zum Essen ausgegangen, daher wandere ich allein in durch die Stadt, werfe immer wieder einen Blick auf die Speisekarte und komme zu der Entscheidung, dass die Angebote im Restaurant, das sich am nächsten zur Herberge befindet, mir am meisten zusagen. So gut habe ich lange nicht mehr gegessen und ich genieße eine *Plato Combinado* – gemischte Platte mit gegrilltem Huhn, Gemüse, Pommes Frites und besonders lecker: frisch gebackenes Brot. Dazu ein Bier.

Als ich in die Herberge zurückkehre, liegen die Franzosen immer noch entspannt auf ihren Betten und lesen. Mittlerweile haben sich im Schlafsaal drei Pilger hinzugesellt, die sich in Spanisch unterhalten. Nach einer Weile verlassen die spanischen Pilger den Saal und etwas später kommen auch meine französischen Mitpilger auf die Idee, dass auch sie diesen Abend ausgehen wollen. Da ich heute schon sehr lange unterwegs war und wenig Zeit zum Ausruhen hatte, sage ich, dass ich lieber hierbleiben würde. Sie schätzen, ungefähr um 23 Uhr, in einer Stunde, würden sie heimkommen. Offiziell sollte man spätestens um 22 Uhr zurück sein, da der Herbergsverwalter um diese Zeit Feierabend macht. Also erkläre ich mich bereit, darauf zu achten, dass die nur von innen zu öffnende Tür angelehnt bleibt und nicht ins Schloss fällt.

Im Schlafsaal stehen einige Wäscheständer und auf der Rückseite des Gebäudes, auf dem Balkon, befindet sich eine Waschecke. Bisher gab es keine Gelegenheit zum Waschen, nach über einer Woche haben meine Klamotten unangenehmen Geruch angenommen. Beim Wandern ist es eigentlich egal, wie man riecht, vielleicht ist dies jedoch meine einzige Möglichkeit vor der Ankunft in Santiago, für frische Klamotten zu sorgen. Es regnet zwar auf dem Balkon, der nicht überdacht ist und die Temperatur befindet sich nahe Null. Jedoch habe ich genügend Zeit, kann mich drinnen zwischendurch aufwärmen und zum Schluss die Wäsche im beheizten Schlafsaal trocknen lassen.

Eine halbe Stunde später ist diese Waschaktion erledigt und ich lege mich entspannt auf das Bett. Gelegentlich gehe ich in den kommenden Stunden hinunter ins Erdgeschoss, um zu überprüfen, ob die

Eingangstür zugeschnappt ist. Zweimal war sie zugefallen und ich habe sie erneut so angelehnt, dass das Schloss nicht einrastet.

Sie sind schon viele Stunden länger außer Haus als angekündigt, was mich nicht wirklich wundert, denn ich kenne das: wenn man in Spanien einmal mit dem Feiern begonnen hat, ist es schwierig, ein Ende zu finden. Zwei Stunden nach Mitternacht höre ich lautes Rufen und Klopfen an den unteren Fenstern und eile die Treppe hinunter. Die Tür war abermals ins Schloss gefallen und ich öffne – davor stehen nicht nur die beiden Franzosen, sondern auch die drei spanischen Pilger, die ebenso längere Zeit gefeiert haben. Das ist meine Heldentat des Tages: 5 Pilger verdanken es mir, dass sie die Nacht nicht draußen im Regen verbringen mussten.

Ein Pilger hängt

Klack! Auf einen Schlag wird es taghell im Zimmer, Neonröhren im Schlafsaal entflammen genau auf die Sekunde um 7 Uhr morgens und blenden mich massiv. Es wurde wohl eine Zeitschaltuhr installiert, um die Pilger eindringlich aufzufordern, sofort ihre Rucksäcke zu packen und bis 8 Uhr die Herberge zu verlassen. Es dauert einen Moment, bis ich die Augen einen Spalt öffnen kann, um mich zu orientieren, weil dieses grelle Licht fast Schmerzen in den Augen verursacht.

Was mache ich jetzt mit den leckeren Steinpilzen, die ich am Vortag auf dem Weg gesammelt habe? Vielleicht ist es möglich, in der nächsten Unterkunft ein Essen daraus zuzubereiten. Leider haben sie schon sehr gelitten und sehen nicht mehr allzu appetitlich aus. Egal, ob ich sie im Rucksack verstaue oder außen anhänge, nach dreißig Kilometern Fußmarsch - vielleicht fünf weiteren - werden sie definitiv Matsch sein. Kurzentschlossen werfe ich sie in den Papierkorb. Schade.

Als wir die Unterkunft verlassen, ist es draußen noch stockfinster. Wir streifen durch die Innenstadt, mustern die Fassaden der alten Gemäuer, wandern an der Kathedrale vorbei und entdecken ein Café, das zu dieser frühen Stunde schon geöffnet ist. Kaffee, Croissant und frisch gepresster Orangensaft bringen unsere Lebensgeister zurück und wir setzen unseren Weg fort. Reste von römischen Gebäuden und Thermen wären hier zu finden, informiert ein Wegweiser. Diese Stadt ist demnach sehr alt. Interessant. Nach diesem kurzen Ausflug in die antike Geschichte durchqueren wir Vorstadtsiedlungen mit Wohnbaracken und lassen nach einer Brücke die Stadtgrenze hinter uns. Ein kurzer Anstieg folgt. Eine kaum nennenswerte Steigung im Vergleich zu dem, was der *Camino* uns in der Region *Asturien* abverlangt hatte.

Nachdem wir uns von der Großstadt entfernt haben, finden wir uns in der absoluten Pampa wieder, nur ab und zu kommen wir an Häuschen und Gärten vorbei. Als wir uns einem Garten nähern, halte ich inne, verblüfft über das, was ich in einem Baum entdeckt habe: dort hängt ein Pilger – mit Mantel, Pilgerstab in der Hand, Kopf und Füßen, die deutlich erkennbar sind.

»Wartet mal«, rufe ich den Anderen zu, »schaut mal dort! - dies sieht doch aus wie ein Pilger, der an einem Ast hängt.«

Die anderen kehren um, betrachten dies genauer und bestätigen: »Es sieht tatsächlich aus wie ein Pilger. Es ist wohl ein Feigenbaum«, bemerkt Jojo nachdenklich, »ein Feigenblatt, das über einem der Früchte hängengeblieben ist.« Die Figur trägt den Stil des Blattes als Stab, der Kopf ist eine Feigenfrucht, bemerken sie kurz und setzen ihren Marsch fort. Ich nehme noch einige Fotos auf. *Die haben es immer eilig und übersehen die interessantesten Sachen,* denke ich, *nur um Kilometer zu schinden. Dafür pilgert man doch nicht.*

Ich hole wieder auf. Der Weg ist mittlerweile fast völlig eben und mühelos brechen wir die 100-Kilometer-Marke zum Ziel. Diese Gegend wirkt sehr dünn besiedelt, nur selten begegnen wir Bauern, die ihre Kühe auf der Weide beaufsichtigen, meistens wandern wir über einsame Landstraßen, sodass die Wanderung durch *Parroqias* - Ansammlungen von einzelnen Gebäuden mit einer Kirche - eine besondere Abwechslung ist. Nach langer Zeit ohne weitere Lebenszeichen erreichen wir ein Gebäude, an dem das Symbol des Jakobsweges prangt, wir treten ein. Es ist eine Kombination aus Bar, Restaurant, Supermarkt und vermutlich die einzige Möglichkeit in zehn Kilometern Umkreis, wo sich die weit verstreut lebenden Dörfler treffen können. Ich bestelle mir ein belegtes *Bocadillo*, während die Franzosen die Zutaten, Baguette und Käse, einzeln einkaufen. Zwischendurch erscheint ein Spanier mit kahl rasiertem Haupt, der uns mitteilt, er wäre der Herbergsverwalter. Zur Pilgerunterkunft wäre es nicht mehr weit, erfahren wir von ihm, wir müssten einfach nur der Straße geradeaus weiter folgen.

Nach der kleinen Mahlzeit mache ich mich wieder auf den Weg, den meine Kollegen während meiner Mahlzeit schon vorausgegangen sind. Nur drei Kilometer verbleiben bis zur Herberge. Wenig später fährt der *Hospitalero* mit seinem Auto an mir vorbei und ruft etwas, das ich nicht verstehe, aber ich antworte: »Ich gehe zu Fuß.« Möglicherweise wollte er anbieten, mich mitzunehmen. Jedoch will ich die letzten Meter im Pilgerstil zurücklegen. Zudem befinde ich mich im kritischen 100 km-Bereich und dies könnte eine Prüfung sein, ob ich der Verlockung erliegen sollte, zu schummeln.

Als ich ankomme, ruft das urige Gemäuer mit den groben Wänden aus Sandstein und einem freiliegenden Dachgebälk in mir Erinnerungen an Trekking-Touren im abgelegenen Bergland Norwegens wach. Es ist mit Sicherheit die abgeschiedenste und einsamste Unterkunft auf dem ganzen Weg, denn außer dem Bar-Restaurant-Supermarkt, einer privaten Herberge gegenüber und zwei Bauernhäusern sind keine Merkmale von Zivilisation in *San Roman* vorhanden. Hüttenatmosphäre in der Wildnis, dennoch mit komfortabler Einrichtung. An zwei Seiten befinden sich Schlafbereiche mit jeweils drei Stockbetten, in der Mitte ist die Hütte durch eine Küche geteilt, in der man an einer Seite kochen und auf der anderen auf Schemeln sitzend seine Mahlzeit einnehmen kann. Mit dem Gebäude, das von zwei elektrischen Heizungen gewärmt wird, ist ein fast ebenso großes Holzgebäude mit Duschen und sonstigen sanitären Einrichtungen verbunden. Daher nehme ich zuerst eine Dusche, entspanne mich danach eine Weile auf meinem Stockbett und denke darüber nach, wie ich noch zu einem reichhaltigen Abendessen kommen könnte.

Die Mehrzeckhalle des Ortes - die kleine Bar, in der man eine Auswahl an Lebensmitteln kaufen kann - liegt zu weit weg. Hin und zurück mehr als fünf Kilometer zu laufen und unsicher zu sein, ob ich innerhalb der Öffnungszeiten ankomme, darauf habe ich keine Lust. Aber ich bin hungrig und schaue mich in der Küche um: neben dem Herd stehen eine Tüte Mehl, Salz und eine Flasche Öl. Was könnte ich daraus für mich und meine Kollegen zaubern? Brot? Aber nur, wenn man einen Backofen hätte. Weiter durchsuche ich die Schränke, darin befinden sich nur Teebeutel und eine Tütensuppe Spargel-Geschmack ›Meisterklasse‹ - oder wie ich es gerne umdichte - ›Kleistermasse‹. Nachdenklich schaue ich mich nochmal um. Nein, mehr ist nicht vorhanden. Zu wenig, um damit drei Personen satt zu bekommen. Mir kommt eine Idee: die Tütensuppe zu verlängern, das wird wohl auch irgendwie genießbar sein. Alle Zutaten sind vorhanden, die man zur Herstellung einer verdünnten Mehlschwitze braucht. Oder wie dies bei Profi-Köchen vornehm bezeichnet wird: Sauce Hollandaise.

Ich frage die Anderen, ob sie Appetit darauf hätten und da sie zustimmen, bediene ich mich an den Küchenvorräten, die zur freien

Verfügung stehen, denn es sind Überbleibsel von Pilgern, die zuvor hier übernachtet haben.

Mit so wenig Zutaten habe noch nie versucht, etwas Essbares zu kreieren. Einen Schwung Öl mit einigen Löffeln Mehl gemischt, dazu die Tütensuppe. Im Topf erhitzen, nach und nach Wasser hinzugeben, bis die Konsistenz einer Suppe erkennbar wird, zum Schluss mit Salz abschmecken. Das Ergebnis sind drei doppelte Portionen Pilgersuppe, die trotz trivialem Rezept unerwartet gut schmeckt. Wahrscheinlich hätte ich das Suppenpulver Spargel-Geschmack genauso gut weglassen können, denn mir fällt kein Unterschied auf.

»Wie wäre es mit Fiesta im Ort heute Abend?«, frage ich nach dem Essen scherzend meine Begleiter, die jedoch nur entnervt gähnen und kommentieren: wenn ich es derart nötig hätte, könne ich mich ja gerne mit den Kühen auf der Weide vergnügen. In dieser entlegensten Pampa Spaniens gibt es kaum Alternativen zum Nachtleben als ins Bett zu gehen, was ich etwas widerwillig, aber dennoch akzeptiere muss und mich daher von Hörbüchern berieseln lasse, bis ich müde bin und mich zur Ruhe begebe.

Die beiden Franzosen tragen ihre Pudelmützen auch in der Nacht. Es sieht zwar bekloppt aus, ist aber zweckmäßig. Durch die Holzhütte zieht der Wind wie Hechtsuppe und das bisschen Wärme, das von den Elektroradiatoren erzeugt wird, erfasst der Sog des Windes sofort und entschwindet durch alle Ritzen hinaus in die Nacht. Jeans, Pullover und Socken ziehe ich im Bett an, friere aber trotz einer zusätzlichen Woll-decke über meinem dünnen Schlafsack immer noch. Es ist schon nach Mitternacht. Ich will die Anderen nicht aufwecken, indem ich das Licht anschalte und die Hütte nach einer zweiten oder dritten Wolldecke durchsuche. Außerdem würde sich die selbstproduzierte Wärme unter der Decke verflüchtigen, wenn ich sie einen Moment beiseite schiebe. Also Zähne zusammenbeißen und bis morgen früh durchhalten.

Rückkehr in die Zivilisation

5. Dezember, San Roman → Melide

Mit einer heißen Dusche versuche ich, die Müdigkeit zu vertreiben. Nachts habe ich so gefroren, dass ich kaum Schlaf finden konnte und genieße einige Zeit, was der Thermostat an Annehmlichkeiten zu bieten hat. Einfach, um mich wohl zu fühlen.

Meine Kollegen haben längst schon gepackt und schultern ihre Rucksäcke, als ich in die Herbergshütte zurückkehre und bitten, ich solle mich beeilen. Sie seien schon fertig, würden schon vor die Tür gehen und dort warten. Ich weiß, dass ich getrödelt habe, stopfe auf die Schnelle alles in meinen Rucksack und, nachdem ich kurz kontrolliert habe, ob ich irgendetwas liegengelassen habe, verschließe ich die Tür der Unterkunft und schiebe zum Schluss nach den Anweisungen des *Hospitaleros* den Schlüssel unter der Tür durch.

Von Jojo lerne ich ein französisches Wort: *Ronfler* - Schnarchen. Er behauptet, ich würde das tun. Ich widerspreche und erkläre, dass ich mich noch nie selbst schnarchen gehört habe.

In *Melide*, der nächsten Stadt, schlage ich den Beiden vor, sollten wir eine Spezialität ausprobieren: *Pulpo*, gekochter Oktopus, auf den sich viele Restaurants dieser Stadt spezialisiert haben. Theo schüttelt angewidert den Kopf und sagt, das wäre eines von der wenigen Dinge, die er niemals probieren werde.

Nahezu flach ist das Gelände, das wir durchwandern. Nach dem ständigen Auf und Ab durch die *asturischen* Berge empfinde ich dies als eine sehr angenehme Erleichterung und bald haben wir schon viele Kilometer durch die weiten grünen Auen, auf denen Kühe grasen, zurückgelegt, als wir plötzlich gestoppt werden: »Muuh!«, wirft uns eine Kuh entgegen und blickt uns aus großen Augen an, was bedeutet: »Wir haben Vorfahrt!« Viele Minuten vergehen, in denen wir zwei Dutzend Paarhufer beobachten, die gemächlich die Straße entlang trotten, bis am Ende des Gefolges ein Hirte erscheint und den Weg wieder freigibt.

Mit dem strammen Marsch nach dieser Unterbrechung habe ich lange Zeit keine Probleme und nach dem Aufnehmen einiger Fotos gelingt es mir auch, solange zu rennen, bis ich aufgeholt habe. Vollkommen flach ist das Gelände jedoch nicht und beim ersten Aufstieg auf einen felsigen Hügel bemerke ich, wie meine Energie nachlässt. Mir wird bewusst, dass ich mit den Beiden mal wieder nicht mithalten kann.

»Ich brauche eine Pause«, sage ich und als ich auf die Frage, ob es mir nicht gut ginge, antworte: »ich würde nur gerne ein wenig ausruhen, die Landschaft genießen und gehe dann weiter«, setzen sie ihren Marsch fort. Nach einem kurzen Stopp tut es gut, mit gemäßigtem Tempo vorwärts zu schlendern. Ich genieße den gemütlichen Gang über das von Heidekraut bedeckte Gelände: Grün, Gelb und Weiß. Vereinzelte Felsen erheben sich aus dem Farbenmeer.

Als ich die Stadtgrenze von *Melide* erreiche und einen Kirchturm vor mir sehe, bin ich überrascht. Von dieser Seite kenne ich die Stadt noch nicht. Im Sommer hatte ich *Melide* schon einmal betreten, da sich der *Camino Francés* und der *Camino Primitivo* hier vereinigen. Diesmal habe ich jedoch einen völlig neuen Eindruck, als ich durch das andere ›Stadttor‹ - im übertragenen Sinne - trete. Statt eines Molochs, der durch Neubauten und Verkehrslärm bestimmt wird, sehe ich alte Gebäude aus Sandstein und stelle fest: *Melide* hat auch schöne Seiten. Die Stadt ist derzeit weihnachtlich geschmückt: eine Lichterkette, die den Schlitten des Weihnachtsmanns und seine Rentiere darstellt wurde zwischen den Häusern gespannt. Viele fünfzackige Sterne leuchten über mir auf dem Weg zur Unterkunft.

Es ist die gleiche Herberge wie vergangenen Sommer, die Platz für mehr als 100 Pilger bietet, jedoch ist es diesmal viel ruhiger. Nur ein Schlafsaal im Erdgeschoss ist geöffnet und zur Hälfte belegt mit ungefähr zwanzig Personen, zumeist Senioren. Ich schätze das Durchschnittsalter auf 50-60 Jahre. Mit meinen französischen Pilgerkollegen, die ich in dem Gemeinschaftsraum wiedertreffe, senke ich diesen Durchschnitt sicher deutlich.

Nachdem sie die Küche der Herberge bewundert haben, sauber und modern eingerichtet, mit mehreren Herdplatten und Backöfen ausgestattet, schlagen meine Kollegen im Supermarkt, dem größten auf dem bisherigen Weg und mit Riesenauswahl, hemmungslos zu: heute wollen sie ein umfangreiches Menü zubereiten. Zucchini, Tomaten, Champignons, Zwiebeln, Gewürz, Hähnchenbrust und Reis landen in ihrem Einkaufskorb sowie Käse und eine Flasche Rotwein. Ich decke mich währenddessen im Markt mit einem Vorrat an *Turron* ein, die ich mit in die Heimat nehmen will. Drei Packungen dieser leckeren Mandelspezialität werden angeboten für einen speziellen Rabatt. Vor der Kasse greife ich nach einer Tüte *Pipas,* einer Gaumenfreude, die nur in Spanien bekannt ist: geröstete Sonnenblumenkerne. Da diese sehr preisgünstig sind, greife ich zu einer großen Tüte der Knabberei.

Zurück in der Herberge packen meine Pilgerkollegen ihre Einkäufe auf dem Küchentisch aus und durchsuchen die Küchenschränke nach Töpfen, Besteck, Geschirr und Trinkgefäßen, öffnen eine Tür der Schrankwand über dem Herd nach der anderen, jedoch gähnt ihnen aus jedem Fach nur Leere entgegen. Nichts von allem, was sie suchen, ist vorhanden. Fluchend lässt Jojo die letzte Schranktür zufallen und flucht. »Die Küche ist ja toll eingerichtet, aber wie soll man hier kochen?«

Nachdem meine Kollegen die Zutaten wieder eingepackt haben, setzen wir uns im Speiseraum an den Gemeinschaftstisch. Einen Flaschenöffner sowie Plastikbecher kann uns ein anderer Pilger zur Verfügung stellen, so können wir zumindest mit Wein auf den erfolgreichen Tag anstoßen. Und wir haben etwas zum Knabbern, denn ich biete großzügig meine *Pipas* an, die ich mit allen teile. Diese gerösteten Sonnenblumenkerne muss man selbst schälen, so können wir den ganzen Abend futtern, ohne dass diese ½-Pfund Packung zur Neige geht. Äußerst nachhaltig. Man könnte eine ganze Partynacht lang alle Gäste mit einer Packung zufriedenstellen.

Als wir am knabbern sind, lehnt sich eine Pilgerin an unseren Tisch und fragt, ob jemand von uns französisch sprechen würde. Die anderen bestätigen, ich nicke, und schon sind die beiden Franzosen in eine intensive Diskussion mit ihr verwickelt. Ein wenig kann ich verstehen: dass sie Kanadierin ist und aus Montreal stammt, jedoch sprechen alle pausenlos und mit Slang. Den schnellen Dialogen kann ich kaum folgen, meine Beteiligung an der Diskussionsrunde beschränkt sich darauf, dass ich ab und zu mit dem Kopf nicke.

Später verabreden wir uns, zusammen feiern zu gehen, jedoch schließt die Herberge um 22 Uhr ihre Pforten. Wir finden heraus, wie wir danach hineinkommen können und dass dies kein größeres Problem darstellt: die Küche hat mehrere Fenster, der Schlafsaal im Erdgeschoss weitere, die wir alle so präparieren, dass sie geöffnet sind und dies möglichst nicht auffällt. Sicherheitshalber bitten wir einen der anderen Pilger, darauf zu achten, dass niemand die angelehnten Fenster schließt, denn das wird unser Rückweg sein.

Abends sind kaum Leute unterwegs, die Auswahl an geöffneten Bars begrenzt sich auf eine, in der wir auf Barhockern Platz nehmen. Mit der freundlichen weiblichen Bedienung hinter dem Tresen kommt Theo bald ins Gespräch und sie erzählt, sie stamme aus der Karibik, jobbe seit einem Jahr hier und habe primär vor, die englische Sprache zu lernen, während sie uns Bier serviert und als Beigabe immer wieder frittierte Kroketten vorsetzt. Selten bekäme sie Gelegenheit, englisch zu sprechen, da die meisten Gäste Spanier sind.

Nebenbei zeige ich der Kanadierin, die sich unserem nächtlichen Ausflug angeschlossen hat, auf meinem Smartphone einige Fotos, die ich auf dem *Camino* aufgenommen habe. Bis sie anfängt zu lachen, als sie meinen Schneepilger sieht und kommentiert: noch ein Foto, und noch eins, mehr als zehn Bilder – was in mir zunehmend den Stolz auf mein grandioses Meisterwerk weckt: diese Figur mit dem Pilgerstab in der rechten Hand, kastanienbraunen Augen, meiner Mütze auf dem Kopf, die ich aus Schnee selbst erschaffen habe. Mit meinen eigenen Händen.

Als wir um 1 Uhr morgens zurückkehren, sind wir erleichtert: keiner hatte die Fenster geschlossen, so klettern wir hinein, um uns zwischen – beeindruckend laut – schnarchenden Pilgern zu unseren Betten zu schleichen. Vorsichtig steige ich auf das Stockbett hoch, da es bei jeder Stufe hinauf schaukelt und unüberhörbares Quietschen erklingen lässt.

Endspurt

Wir starten in trübem Nebel, der in Nieselregen übergeht – die zwei Franzosen, ich und die Kanadierin. Die wir nach einigen Kilometern abgehängt haben und zu dritt wandern, bis mir der Marsch ebenso zu stramm wird und ich die Beiden, noch ein Stück vor *Arzúa,* vorausgehen lasse.

In dieser Stadt reihen sich Cafés und Restaurants aneinander, zahlreiche Bars liegen am Weg. Wo im Sommer das Leben pulsiert, wirkt die Innenstadt in diesem regennassen Winterwetter verschlafen. Nur ein Café-Restaurant-Laden ist geöffnet, der auf Käse-Spezialitäten der Region spezialisiert ist. Die erste Gelegenheit, etwas zu essen. *Bocadillos* sind im Angebot und ich wähle eines mit getrocknetem Schinken. Was manche Gourmets als spanische Spezialität preisen und wofür Sterne-Köche gesalzene Rechnungen präsentieren, ist der billigste auf der Karte: *Jamon Serrano* – getrockneter Schinken, den ich mir als *Bocadillo* bestelle. Beim Essen stöbere ich in der Karte und weitere Spezialitäten wecken bald meine Neugier. Während *Jamon Serrano* für 2.90 Euro/kg angeboten wird, kostet die aus dem schwarzen *Iberico*schwein produzierte Spezialität *Jamón Ibérico* stolze 15 Euro/kg. Nochmal doppelt so teuer ist *Jamón Ibérico de Bellota* – ein Schwein, das Zeit seines Lebens auf Eicheldiät gesetzt wurde.

Ich bestelle eine Kostprobe für 2 Euro von dem teuersten Schinken. Die Münze wiegt vermutlich mehr als die Portion, die ich dafür bekomme, und ich nehme einen Geschmackstest vor. Es ist fettiger als der gewohnte Schinken und mir fällt nichts Besonderes auf. Meine Neugier ist befriedigt, es ist wirklich nichts Außergewöhnliches. Wie Champagner, Kaviar oder Froschschenkel vermutlich nur deswegen teuer, weil es seltene Dinge sind wie der Fehldruck einer Briefmarke oder eine Fehlprägung der Euro-Münze, auf der man das EU-Mitglied Schweden vergessen hat.

An den Großteil des Weges, der an Feldern vorbei führt, erinnere ich mich bald wieder, zwischendurch mahnt eine große Mülltonne Pilger zur Sauberkeit: »This is a big bin – the Camino is not«. Manches entdecke ich neu, wie eine Friedhofskapelle, davor auf einem Platz eine Säule, auf der sich ein Kreuz befindet, mit einer Jesusfigur auf der einen Seite und Maria auf der anderen, der in einer martialischen Darstellung ein Schwert in die Brust gerammt wurde.

Nach einem Pfad durch den Wald wird Nostalgie wach, als ich eine Bar erreiche. Denn im Biergarten davor hatte ich vergangenen Sommer diese fünf spanischen Studentinnen das erste Mal gesehen, mit denen ich den Abend darauf in Santiago ausgiebig gefeiert habe. In dieser trüben Jahreszeit auf der leeren Terrasse ist die Stimmung jedoch nicht vergleichbar, so setze ich meine Wanderung durch Eukalyptuswälder fort und hole bald drei gut gelaunte Pilger ein. Zwei Spanier und eine Spanierin, die mir einen mit Wein gefüllten Trinkschlauch anbieten: »galicischer Rotwein!« Ich zögere kurz, nehme ihn aber entgegen und probiere daraus, während sie einen Gesang anstimmen.

Zuvor hatte ich angenommen, es wären noch viele Kilometer bis zum Ziel der heutigen Etappe und empfinde es als schwierig, mein Schritttempo derart zu drosseln, einen Fuß träge vor den anderen zu setzen, um mich der Geschwindigkeit dieser spanischen Spaßpilger anzupassen, die nur die obligatorischen 100 km bis nach Santiago im Stil einer Saufwanderung gehen. Kurz, bevor ich mich absetzen kann, ist *Pedrouzo* jedoch schon in Sichtweite. Diese letzten Meter muss ich den Schneckenmarsch eben durchhalten.

Vor der Herberge begegnen wir gleich den zwei Franzosen, denen die Spanier ebenso ihren Wein anbieten. Nach ein paar Schlucken sagen sie, dass sie schon eingecheckt hätten, nun in den Supermarkt gingen und wir würden uns ja später in der Herberge sehen. Mit der Gruppe der Spanier melde ich mich gemeinsam an, wähle eines der vielen freien Betten und breite meine Sachen aus. Die Franzosen sind in der Zwischenzeit zurückgekehrt und haben die Zeit genutzt, um ihr Essen vorzubereiten. Sie konnten ihre Einkäufe vom Vortag verwenden, denn diesmal ist die Küche nicht nur ausgestattet mit Herd und Backofen, sondern auch mit den Gefäßen, die man zum Kochen benötigt.

Die falsche Compostela

Die Kanadierin sehen wir beim Aufbruch zur letzten Etappe nicht mehr. Am Abend zuvor hatte sie schon angekündigt, sie werde um 3 Uhr morgens starten, um früh in Santiago anzukommen. Vielleicht wollte sie auch der Situation entgehen, auf dem Schlussspurt hetzen zu müssen. Für mich wäre dies jedoch nicht Grund genug, durch die Schwärze der Nacht zu irren und auf den Großteil des Schlafes zu verzichten.

Als wir durch die morgendlichen Nebelschwaden wandern, erklären mir meine französischen Mitpilger, was sie über die Geschichte des Jakobus wissen. Die schriftlichen Legenden lauten zwar völlig anders: die Knochen des Apostels hätten tausend Jahre nach seinem Tod von Engeln geleitet den Ozean überquert und wären endgültig in Spanien bestattet worden.

Die Variante meiner Begleiter ist wahrscheinlicher: Jakob war der erste Pilger, der nach Santiago wanderte. Warum sonst wird er fast immer als Pilger dargestellt? Mit einem Stab, einem ausgehöhlten Kürbis als Wassergefäß, manchmal auch mit Pilgerhut gegen die Sonne, um in *Kastiliens* trockener Sierra überleben zu können. Auf die Variante *Jakob der Pilger* deuten somit wesentlich mehr Indizien hin als auf die offizielle Legende. Dies ist also *Jakob's Weg*.

Die Franzosen erzählen mir auch von einem Geheimtipp, den sie von der netten *Hospitalera* in *Bodenaya* bekommen haben: Es gäbe ein kostenloses Pilgermenü. Und zwar im exklusivsten Hotel von Santiago! Dieses wäre ein ehemaliges Kloster, das an private Investoren verkauft wurde und ein Zusatz im Kaufvertrag hätte sichergestellt, dass eine alte Tradition gewahrt würde: morgens, mittags und abends die Verpflichtung, jeweils 10 Pilger gratis zu verköstigen.

Diese eigentlich kurze Etappe kommt mir viel länger vor, als ich sie das letzte Mal empfunden habe, die Wanderung hinauf zum Hügel *Monto de Gozo* zieht sich ewig hin und der Weg durch die Stadt wirkt viel weiter. Ist Santiago in den letzten Monaten so stark gewachsen? Vielleicht ist es nur unangenehmer, stetig im Regen zu gehen, als bei angenehm warmen Temperaturen gemütlich vorwärts zu trotten.

Als wir endlich ankommen, begeben wir uns gleich ins Pilgerbüro und sind dort die einzigen, keiner von uns muss warten, da alle gleich zu den Empfangstischen gerufen werden. Stolz ziehe ich meinen Pilgerausweis hervor und lege ihn auf den Tresen. Nun habe ich es endgültig geschafft und die schwerste Tour meines Lebens heil überstanden. Die nette Blondine hinter dem Tisch reicht mir sogleich den Zettel, den ich ausfüllen muss. Kurz überfliege ich das Dokument. Die Prozedur kenne ich schon: Namen eintragen und so weiter, zum Schluss noch den Grund der Pilgerreise angeben. Die nicht-religiöse Urkunde habe ich schon im Sommer erhalten, daher kreuze ich diesmal als Grund für diese Tour ›Religion‹ an und warte gespannt, wie das Dokument aussehen wird. Denn diese Variante habe ich noch nicht. Es dauert nicht lange und sie kehrt zurück, lächelnd und mit meiner nagelneuen *Compostela!*

Als sie mir die Pilgerurkunde aushändigt, weist die *Officina* auf den handschriftlich eingefügten Text und erklärt mir in Englisch: »Das ist dein Name in Lateinisch!«

Ich überfliege das Dokument kurz und deute den lateinischen Text: *Ruben wird hiermit die erfolgreiche Pilgerschaft des Jakobsweges bestätigt.* Handschriftlich eingefügt: *Ruben.* Dies ist demnach der lateinische Name für *Michael.* Mein Latein aus der Schule liegt viele Jahre zurück und meine Noten waren miserabel. Das Personal in diesem Büro hat vermutlich Latein studiert und kennt sich in der Sprache hervorragend aus. So kann ich sicher sein, dass sie die richtige Übersetzung gefunden haben. Zudem lernten wir damals im Unterricht niemals, wie Namen übersetzt werden. *Marcus* und *Julia* waren die Namen von Herr und Herrin – *Dominus* und *Domina,* die in ihrer römischen *Villa* wohnten. Ihr Sklave hieß Lucius.

Servus. Als ich in meinen fast verschollenen Lateinkenntnissen nach einer Erklärung suche und das Pilgerbüro fast hinter mir gelassen habe, werde ich aus den Gedanken gerissen, als ich meinen Vornamen höre. »Komm nochmal zurück!«, höre ich die *Officina* rufen. Ich mache auf dem Fuß kehrt und gehe zurück an den Tresen. Die Blondine bittet, dass ich nochmals meine Urkunde sowie die *Credentials* auf den Tresen lege, wirft einen skeptischen Blick auf die Stempel, blickt mich an und erklärt: »Das ist nicht der *Camino Primitivo*!«

Und das ist nicht mein Name, fällt mir auf, als ich die Personalien auf dem Ausweis mit den Stempeln genauer betrachte. *Ruben?* So hieß doch dieser spanische Pilger am Vortag, fällt mir in dem Moment ein. *Und diese Stempel sind anders, als ich sie in meinem Dokument in Erinnerung habe. Wir haben unsere Pilgerausweise vertauscht!* Ratlos zucke ich mit den Schultern, als mir diese Erkenntnis bewusst wird. Wie peinlich ist diese Situation? Ich stehe da wie ein Betrüger. Erwischt beim Versuch, mir mit einem fremden Ausweis eine *Compostela* zu erschleichen. Was nun? Die beiden Dokumente müsse sie jetzt konfiszieren, erklärt die Dame mit einem Anflug von Bedauern im Gesichtsausdruck.

Traurig und mit leeren Händen verlasse ich das Büro. *Aber was soll ich mit einer Compostela, wenn ein fremder Name darin steht?* denke ich beim Hinausgehen.

»Vielleicht taucht der andere Pilger später im Büro mit dem vertauschten Pilgerausweis auf«, hatte sie zum Schluss gesagt, um mich zu trösten. Auf jeden Fall werde sie ihren Kollegen Bescheid geben, ich solle einfach abends oder am nächsten Tag wieder vorbeikommen.

Ich kehre zurück zu den Franzosen, die vor dem Gebäude auf mich warten.

»Ah, da bist du ja wieder! Das hat ja lange gedauert und wir haben uns schon gewundert, wo du bleibst. Die Blondine sah nett aus und du hast dich mit ihr noch länger unterhalten – ein Techtelmechtel im Büro mit ihr gehabt?« - gut gelaunt präsentieren Jojo und Theo ihre Urkunden, und fragen: »bereit für das Pilgermenü? Und wie sieht deine Compostela aus?«

»Es gab Komplikationen«, antworte ich und versuche, meine Enttäuschung zu verbergen, »meine Urkunde habe ich noch nicht. Die bekomme ich später. Hoffe ich.«

»Wie ist denn das passiert?«

»Ich habe meinen Pilgerausweis vertauscht.«

»Und das Pilgermenü?« Auf die Frage zucke ich ratlos mit den Schultern. Dieser Weg hat es in sich, mir bleibt wohl nichts erspart.

»Also erst mal zur Herberge.« Den Franzosen wurde eine mir unbekannte Unterkunft empfohlen, während ich lieber vorgezogen hätte, in der gleichen privaten Herberge wie im vergangenen Sommer zu übernachten. Ich folge jedoch, schließlich wollen wir zusammen unterkommen, damit die Planung der gemeinsamen Unternehmungen nicht unnötig kompliziert wird. Als wir am westlichen Ende der Unterstadt von *Santiago* das Gebäude betreten und bei der Herbergsverwalterin nach Schlafmöglichkeiten fragen, bekommen wir eine negative Rückmeldung: alles wäre belegt. Jedoch empfiehlt sie uns eine andere Herberge, die offenbar zum gleichen Verein gehört. Nach der Position auf dem kleinen Stadtplan, den sie uns aushändigt, erkenne ich: es ist die, in der ich selbst gerne übernachten wollte.

Nachmittags wandern wir durch die Stadt in Richtung des Stadtteils mit den Bars und Restaurants. Die Franzosen haben nicht vor, die Hauptattraktion von *Santiago de Compostela* zu besichtigen, was mich fast fassungslos macht und ich halte es für nötig, dass sie, nachdem sie ganze 4 Wochen auf dem Jakobsweg durch Spanien gewandert sind, wenigstens einmal die Kathedrale von innen sehen. Ich gebe vor, es gäbe eine Abkürzung zum Partyviertel: durch die Kathedrale.

Drinnen finde ich es erstaunlich, dass sich selbst zu dieser Jahreszeit zahllose Touristen eingefunden haben, an denen wir uns vorbeidrängeln, bis wir nach einem schnellen Marsch durch die heiligen Hallen auch schon das gegenüberliegende Portal erreichen und in das Amüsierviertel hinaustreten.

Nach einem kurzen Rundgang setzen wir uns in eine mexikanische Bar, löffeln Suppe und trinken Bier, als von der Straße ein Chor zu hören ist. Eine kleine Gruppe schwarz gekleideter Gestalten schreitet vorbei, danach folgt ein langer Zug von Menschen, die Kerzen in der Hand tragen. Es werden immer mehr und der Zug scheint endlos.

»Was war denn da los?«, fragen wir neugierig den Wirt, nachdem die ganze Schar vorübergezogen ist.

»Keine Ahnung«, zuckt er mit den Schultern, »solche Prozessionen finden hier jeden Tag statt. Es ist der Namenstag irgendeines Heiligen, und es gibt hier mehr Heilige, als das Jahr Tage hat.«

Nach dem Aufenthalt an der Bar begebe ich mich nochmal ins Pilgerbüro und frage nach meiner Urkunde. Ich habe Glück und man teilt mir mit, dass der spanische Pilger aufgetaucht wäre. Seine *Credentials* samt *Compostela* wurde ihm ausgehändigt, dafür hatte er meinen Pilgerausweis dagelassen. Euphorisch, mit der Urkunde wedelnd, kehre ich zur Herberge zurück, betrete jubelnd das Zimmer: nun sei alles geklärt und ich wäre bereit für das Gratis-Pilgeressen. Doch nur die Kanadierin befindet sich im Raum und sagt, die beiden Franzosen wären schon vorgegangen, wir würden sie nachher beim Abendessen treffen.

Bald begeben wir uns ebenso auf den Weg. Ich begleite die Kanadierin bei der abendlichen Tour durch die Altstadt und vertraue ihrer Führung blind, obwohl ich die Stadt von meinem letzten Jakobsweg schon kenne und sie dagegen zum ersten Mal in Santiago ist. Plötzlich sind wir eingeschlossen und befinden uns in einem Hof, der rundum von Mauern umgeben ist. Wir gehen den Weg zurück und bemerken, dass wir durch eine Einfahrt gegangen waren, deren breites Tor hinter uns geschlossen wurde. Verdutzt schauen wir uns um, finden einen Eingang ins Gebäude vor uns, gehen hindurch und gehen durch schmucke Hallen. Dies ist das Hotel *Seminario Mayor*, fällt mir auf, als wir die Flure durchqueren. Nachdem wir uns am Empfang vorbeigeschlichen und das Gebäude verlassen haben, sind es nur wenige Meter bis zum Treffpunkt für das Gratis-Essen, wo die beiden Franzosen schon geduldig warten.

Das Menü ist auf 10 Pilger begrenzt, jedoch sind wir insgesamt gerade einmal fünf Personen, nachdem sich ein älterer Spanier, der nach seiner äußeren Erscheinung tatsächlich bedürftig zu sein scheint, dazugesellt. Ein Sicherheitsangestellter geleitet uns durch die weiten Flure des Luxushotels, in dem schon alles für das bevorstehende Weihnachtsfest dekoriert ist, vorbei an einer 4 Meter hohen festlich geschmückten Tanne zum Mitarbeitertrakt und zur Hotelküche, in der wir geduldig warten, während zwei Köche unser Essen mit Vorspeise, Hauptgericht, Brot und Nachspeise zubereiten. Dazu reichen sie Wein und Wasser über die Theke, bis unsere Tabletts schwer beladen sind und wir uns in einen Raum begeben, der extra für hungrige Pilger eingerichtet wurde.

Was fehlt noch für einen gelungenen Abschluss der Pilgerreise in Santiago? Eine hemmungslose *Fiesta!* Schließlich ist Freitag. Nach dem zweiwöchigen Martyrium gibt es mehr als einen Grund zum Feiern und sich ins wilde Nachtleben zu stürzen.

Den Anfang machen wir gegenüber der Herberge in einer Bar, die gerammelt voll ist. Theo palavert mit einer Gruppe von vier spanischen Studentinnen, während Jojo, die Kanadierin und ich, die über geringe Kenntnisse in Spanisch verfügen, am Gespräch unbeteiligt mit unserem

Bier inmitten der Menge herumstehen. Die Spanierinnen schlagen nach einer Stunde vor, in eine Disco weiterzuziehen und wir schließen uns an, da diese sich in der Stadt so gut auskennen. Wir wandern eine Weile durch die Innenstadt und finden uns wenig später in einer überfüllten Halle mit ausgelassener Partystimmung wieder. Nach ein paar Bieren wollen die Spanierinnen in einen anderen Club weiterziehen. Theo und ich folgen, während Jojo und die Kanadierin offensichtlich müde sind und sich absetzen.

Überraschend erfahre ich von einer der vier Spanierinnen, dass sie perfekt deutsch spricht, und zwar aus dem Grund, weil sie Deutsche ist, aus Heidelberg stammt und über die *Erasmus*-Studienförderung zum Studieren nach Santiago kam. Der weitere Verlauf der Nacht wird zunehmend unübersichtlich, wir wechseln immer wieder die Lokalitäten und nach einiger Zeit bin ich überrascht, wie viele Clubs diese legendäre Stadt zu bieten hat. Allein drei in einer Straße. Es ist eine Studentenstadt, anders als im Sommer sind derzeit keine Semesterferien, so dass alle Diskotheken geöffnet sind und das Nachtleben wild pulsiert. Zudem sind die Getränke preisgünstig, meistens nur 1,50 Euro pro Bier. Preise, bei denen wir uns kaum zurückhalten können.

Es ist morgens nach 4 Uhr, als Theo und ich uns zum Aufbruch entscheiden und unseren Weg aus den verwinkelten Gassen heraus suchen. Bald ist uns die Umgebung völlig unbekannt und wir haben keine Ahnung, wo wir uns befinden, bleiben vor einem Kirchenportal stehen und überlegen, welche der drei möglichen Richtungen wir wählen sollten. In den meisten Städten kann man sich anhand von Kirchen orientieren, zu denen gehört Santiago definitiv nicht. Es gibt einfach zu viele. Markant ist vor allem die Kathedrale und so entscheiden wir uns, erst den Weg zum großen Platz zu suchen, um uns danach anhand der Markierungen des *Camino* zu orientieren, der durch die Stadt und in die Reichweite unserer Herberge führt, bis wir endlich zurückgefunden haben und über die Eingabe des Keycodes hineingelangen.

Aufgrund der feuchtfröhlichen Fiesta treten wir leicht schwankend in den Schlafraum und bemerken, dass Jojo und die Kanadierin entweder gerade wach geworden sind oder noch nicht geschlafen haben. Gut gelaunt berichtet die Kanadierin, um 3 Uhr wären sie vom Feiern zurückgekommen und Jojo hätte ihr erzählt, dass er eine *Slackline* im Rucksack dabei habe. Balancieren auf diesem Seil wäre ihre Leiden-schaft und sie hätte dies auf dem *Camino* sehr vermisst, daher wären sie flugs aufgebrochen, hätten die *Slackline* in einem Park zwischen zwei Bäume gespannt und wären eine Stunde balancieren gewesen.

Licht

8. Dezember, der zweite Tag in Santiago

Durch Klopfgeräusche werde ich wach. Ich habe einen starken Brumm-schädel, hebe meinen Kopf, blinzle und sehe den *Hospitalero* mit einer Putzfrau in der Tür stehen. Es wäre 10:30 Uhr und es tue ihm sehr leid, uns wecken zu müssen, sagt er höflich, aber das Zimmer sollte jetzt gereinigt werden, dafür müssten wir aufstehen und den Raum für einen Moment verlassen. Schlaftrunken wandern wir wenig später durch die Gassen, die Franzosen schon mit gepackten Rucksäcken, da sie mittags ihre Rückreise mit dem Zug antreten. Nach einem kurzen Stadtrund-gang sagen sie Lebewohl, ich bleibe mit der Kanadierin zurück. Wir begeben uns wieder in die Unterkunft und holen den fehlenden Schlaf der vorangegangenen Nacht nach bis zum Nachmittag.

Es ist ein außergewöhnlicher Tag, als ich mit der Kanadierin durch Santiago wandere. Alle Wolken haben sich verzogen, ein wolkenfreier azurblauer Himmel breitet sich bis zum Horizont aus, intensives Licht flutet den Platz vor der Kathedrale, spendet Wärme, durchdringt mich wie eine Heiligenerscheinung, wie ein Wunder, etwas nie Dagewesenes. Die Sonne strahlt vom Firmament wie ein Wesen, das alle Lebenskräfte wiedererweckt. Es ist ein perfekter sonniger Tag. Der erste, seit ich den Weg angetreten bin. Weder Regen, noch Schnee. Das Martyrium hat ein Ende gefunden, ein glückliches Ende. Mich erfasst eine Form von Glückseligkeit. Ich lebe!

Nachdem sich die *galicische* Spezialität nebenbei zum Running Gag der letzten Tage entwickelt hat, biete ich der Kanadierin an, sie zu *Pulpo Gallego* einzuladen, als wir uns einer *Pulperia* nähern. Das Restaurant wirkt nach dem Eintreten ziemlich abweisend und schlicht wie eine Kantine oder ein Imbiss mit Sitzplätzen. Egal, sie sollte es einmal probiert haben, denke ich, und wir teilen uns eine Portion der Fangarme. Sie ist positiv überrascht, dass der Oktopus genießbar ist und scheint sogar Geschmack daran zu finden, als wir zusammen die Tenta-keln verspeisen. Schade, dass die Franzosen uns schon verlassen haben. Sie hätten die Delikatesse wenigstens einmal probieren sollen.

Auf dem Rückweg zur Herberge grüßt meine Begleiterin ständig Pilger, die sie kennengelernt hat. Ich begegne jedoch niemandem und werde zunehmend neidisch. Eigentlich ist mir klar: da sie auf dem Massenpilgerweg *Camino Francés* unterwegs war, traf sie unzählige Wanderer, kennt jetzt Gott und die Welt, während ich die Pilger, denen ich auf dem *Camino Primitivo* begegnet bin, an einer Hand abzählen kann. Abends begeben wir uns wieder zum kostenlosen Pilgermenü, wo ich unerwartet die zwei Spanierinnen und den Spanier vom Beginn des Weges wiedersehe. Es freut mich riesig, dass ich auch einmal mit Bekanntschaften aufwarten kann.

Dort kennt die Kanadierin offensichtlich zwei weitere Gäste, die sich zu diesem Gratis-Essen eingefunden haben. Es sind Landsmann und -männin von ihr, ein Kanadier und eine Kanadierin. Und zweitere trifft genau meinen Geschmack: extrem gutaussehend und attraktiv. Fast bizarr, sie bei einem Abendessen für bedürftige Pilger zu treffen, statt sie auf der Titelseite einer Modezeitschrift zu sehen, in der sie für irgendwelche Stoffkreationen Modell steht. Vielleicht hat sie es einfach nicht nötig, sich so zu präsentieren.

Nach dem Menü verabredet die neugegründete Kanadiergruppe sich, gemeinsam ein Café zu besuchen. Ich schließe mich an und mache Bekanntschaft mit einer weiteren spanischen Spezialität, zu der mich die Kanadierin Nr. 1 als Ausgleich zur *Pulpo*-Spezialität einlädt. Es nennt sich *Churros* – wurmförmige Gebäckstücke, die man in dickflüssige Trinkschokolade taucht. Sie sehen aus wie sehr groß geratene Mehlwürmer, schmecken jedoch vorzüglich und sind nicht lebendig.

Weder die Franzosen, noch die Kanadierin Nr. 1 hatten unterwegs Fotos aufgenommen, daher bin ich gespannt auf die Fotos der Kanadierin Nr. 2 vom *Camino Francés*. Neugierig betrachte die Bilder auf ihrem stark lädierten Smartphone, auf dem man den verschneiten *Cebreiro*-Pass trotz gesplittertem Display sehr gut erkennen kann. Es ist faszinierend, diese Landschaft in einem völlig anderen Licht zu sehen: komplett in weiß, statt grau in grau, wie ich den Pass bei Regen und Nebel vergangenen August erlebt hatte. Die außergewöhnlich attraktive Kanadierin erzählt später noch von ihrem Traum, den *Rocky Mountain Trail* in Nordamerika alleine zu unternehmen, vermutlich werde sie dort 3 Monate lang keinem Menschen begegnen, das würde ihr jedoch nichts ausmachen. Nein - denke ich - so etwas wäre nichts für mich. Mich schreckt schon der Gedanke daran ab, denn fast wäre ich auf diesem *Camino* zu dieser Jahreszeit keinem einzigen Pilger begegnet.

Abflug

Am Vorabend habe ich mich ausnahmsweise früh zu Bett begeben, die Fiesta die ganze Nacht anderen überlassen, denn heute früh ist mein Rückflug in die Heimat. Als ich der Kanadierin Lebewohl sage, erzählt sie, ihre Reise wäre noch nicht zu Ende, denn sie hätte auf dem *Camino* einen Pilger aus Schweden kennengelernt und würde im Anschluss nach Stockholm fliegen.

Wenig später sitze ich im Flugzeug. Unwohlsein überkommt mich. Wir steigen in die menschenfeindliche Höhe von 10.000 Metern, wo die Luft derart dünn ist, dass ein Mensch kaum überleben kann. Und das bei Außentemperaturen von -50 Grad Celsius. Es waren nur etwas mehr als tausend Meter Höhe auf den Bergpässen und weit weniger lebensfeindliche Temperaturen, die zu Fuß schon eine enorme Herausforderung waren.

Technischer Fortschritt schön und gut, aber mir wird beim Start bewusst: man muss fast ein absolutes Gottvertrauen haben, dass diese Technik reibungslos funktionieren wird und die Piloten vorne am Steuer diese auch vollkommen beherrschen. Zum ersten Mal kommen mir Zweifel und das erste Mal bekomme ich Flugangst, als mir klar bewusst wird, welchen physischen Bedingungen man mit dieser technischen Hilfe trotzt.

Beim Flug betrachte ich sehr genau die zu Eis erstarrten Gipfel, die sich unten aus den Wolken erheben, den Flächennebel, der sich in den Tälern ausbreitet. Erkenne ich irgendeinen der Bergpässe dort wieder, die ich in den letzten Tagen überquert habe? Sind dort womöglich Pilger unterwegs, die sich verirrt haben und sich irgendwo verzweifelt durch den Tiefschnee schinden? Vielleicht. Ich hoffe nicht, denn ich habe nur den ersten Wintereinbruch erlebt, mittlerweile wird über die Bergpässe wohl kein Durchkommen mehr möglich sein. Von dieser Höhe ist der Pilgerweg jedoch nicht zu erkennen.

Nicht einmal zwei Stunden dauert es, um die Entfernung, für die ich zwei Wochen zu Fuß, einen Tag und eine Nacht mit dem Bus benötigt habe, im Flug zurückzulegen. Aus irgendeinem Grund denke ich darüber mehr nach als jemals zuvor, fast absurd erscheint mir das.

Wir nähern uns der Landebahn, durchbrechen die Wolkendecke, dichte Nebelschwaden ziehen vor dem Fenster vorbei. Wir sinken, die Fluggeschwindigkeit reduziert sich, immer noch sehe ich beim Blick durch das Bullauge nur fette Nebelschaden vorbeiziehen, die nun verziert sind mit Schneeflocken, die im gleichmäßigen Takt aufblitzen durch rhythmisches Blinken von den Tragflächen. Dort, wo sie sich vermutlich befinden. In dieser Suppe ist gar nichts von ihnen zu erkennen.

Das Rauschen der Triebwerke wird lauter, das Flugzeug scheint zur Landung anzusetzen. Wie soll der Landeanflug funktionieren, wenn die Sichtweite nach meiner Einschätzung - weiter sehe ich aus dem Fenster nicht - nur einen Meter beträgt? Ich wüsste nicht, wie ich landen sollte, wenn ich derart blind bin. Vielleicht verlassen sich die Piloten jetzt auf ihr Gefühl, auf ihren siebten Sinn. Oder auf irgendwelchen technischen Schnickschnack, sonst hätten sie wohl etwas durchgesagt wie: »Achtung, wir stürzen ab!« oder wie man es diplomatisch formuliert: »Es steht uns gleich eine harte Landung bevor – also Ruhe bewahren, wir haben alles im Griff.« Eigentlich müssten wir nach meinem Gefühl und meinem akustischen Empfinden den Grund schon längst erreicht haben, aber wir sinken weiter und ich werde immer aufgeregter, bis ich ein Poltern unter mir höre. Das war der Boden, wir haben uns nicht zerteilt in tausend Bruchstücke.

Vertrauen keimt auf, als wir in immer kürzeren Abständen hüpfen, bis gleichmäßige Rollgeräusche zu hören sind. Erleichtert atme ich durch. Selbst bei Dunkelheit und dichtestem Nebel scheint es technisch möglich zu sein, die Entfernung zum Boden abzuschätzen und das Flugzeug unter Kontrolle zu halten.

Die Tür öffnet sich, wildes Schneetreiben empfängt uns. Beim Weg zur Empfangshalle beobachte ich zahlreiche Räumfahrzeuge, die stetig über den Asphalt der Landebahn rattern. Der Wintereinbruch hat scheinbar nicht nur in Spanien stattgefunden, auch Deutschland befindet sich derzeit in tiefstem Winter.

Vom Flughafen Frankfurt-Hahn gelange ich mit dem Bus zurück, werde auf dem letzten Stück abgeholt und abends zu einer Adventsfeier eingeladen. ›Lebendiger Adventskalender‹ nennt sich dies, findet in der Garage einer Familie statt, die sich bereit erklärt hat, ihre Räumlichkeiten für diese Feier zur Verfügung zu stellen. Es ist eiskalt, ich schlürfe eine Tasse Glühwein und feiere den zweiten Advent. Als wäre nichts gewesen. Ich friere. Mir kommt ein Gedanke:

Diesen Weg sollte man nicht im Winter unternehmen.

Vom gleichen Autor
Der erste Bericht vom Jakobsweg:

Eine Pilgerreise zum Ende der Welt

Abenteuer,
ungewöhnliche Erlebnisse
und Legenden vom Jakobsweg

Michael Sohmen

Fünf Wochen Wanderung auf dem *Jakobsweg* – dieser Bericht erzählt von außergewöhnlichen Erlebnissen auf dem bekanntesten Pilgerweg der Welt, dem *Camino Francés* nach *Santiago de Compostela*. Alljährlich sind hunderttausende Pilger dorthin
unterwegs, denn - so besagt eine alte Legende - in dieser Stadt befände sich das Heilige Grab des Apostels *Jakobs des Älteren*.

Im kargen Hochgebirge der spanischen *Mesetas* wird diese Wanderung zu einer Reise in die Vergangenheit. Anekdoten aus fünf abenteuerlichen Wochen drehen sich um *Begegnungen* mit vielen *Pilgern aus aller Welt*, von *lustig bis absurd*, abgerundet durch *Legenden* über den faszinierenden Weg und historische Informationen.

Michael Sohmen

Satirischer Roman:

Winfried
von Franken

Ein Investmentbanker wird zum Kreuzritter

Eine Geschichte über einen Menschen wie ihn jeder kennt, der als Investmentbanker in Frankfurt täglich seinen Frust ins Büro mitbringt und wieder nach Hause schleppt.
Winfried.
Eines Tages erkennt er sein wahres ICH.
Mit *Winfried von Franken* erwacht der legendäre Ritter von der traurigen Gestalt wieder zum Leben. Auf unbekannter Mission zieht er in den Kreuzzug, um sich einer unbekannten Aufgabe zu stellen.
Im dichten Morgennebel erscheint eine Gestalt auf der Frankfurter Mainbrücke. *Winfried von Franken* – ein Kreuzritter und Held. Gekleidet in eine eigentümliche Rüstung, die er selbst zusammengestellt hat, trägt er ein markantes Zeichen, das seinen Helm ziert: ein rot leuchtender Gummihandschuh, das Symbol eines Hahnenkamms, der seine Heimat *Frankfurt-Gallus* repräsentiert.
Der Held ruft alle Götter des Himmels an. Keiner antwortet.
Vor 900 Jahren waren es Tausende. Winfried ist allein. Ein einsamer Held, der in den Nahen Osten zieht und das Schicksal der Welt in die Hand nimmt. Bald schließt sich seinem Kreuzzug ein Knappe mit dem Namen Sancho an, in Wahrheit sein arbeitsscheuer Ex-Arbeitskollege Waldemar, der zu schwarzem Humor und Jähzorn neigt und keine Gelegenheit auslässt, Unheil zu stiften. Als Knappe an der Seite des Kreuzritters lässt er nun seiner sadistischen Ader freien Lauf und verwirklicht seinen Traum, die Abenteuer seiner Kindheit, die abrupt ein blutiges Ende gefunden hatten, fortzusetzen.
In Gestalt der zwei Helden sucht das Chaos seinen Weg.

Michael Sohmen

Schwarzhumorige Science Fiction:

Sie ist wieder da

(Sie war dann man weg)

Die Europäische Union ist gescheitert und der Kontinent Jahrhunderte
in seiner Entwicklung zurückgefallen.
Aus der ehemaligen Bundesrepublik sind drei neue Staaten entstanden.

Das Experiment Euro ist Geschichte.
Nach der endgültigen Staatspleite wurde Griechenland von der Türkei
annektiert.

Ein Vierteljahrhundert ist vergangen und die einstige Kanzlerin Merkel
erwacht aus einer lang anhaltenden Bewusstlosigkeit.
Und sie wird mit einer neuen Realität konfrontiert …

Willkommen im Jahr 2050!